SOUS LA DIRECTION DE

L'ÉCOLE DE LA CAUSE FREUDIENNE

LACAN, L'ÉCRIT, L'IMAGE

Textes de Jacques AUBERT,
François CHENG, Jean-Claude MILNER
François REGNAULT et Gérard WAJCMAN

Préface par Rose-Paule Vinciguerra

Flammarion

Dans la même collection

ÉCOLE DE LA CAUSE FREUDIENNE, *De l'amour* (textes d'Alain Badiou, Roger Dragonetti, Alain Grosrichard, Brigitte Jaques, Charles Méla, Jacques Roubaud).

ISBN : 2-08-081454-0

PRÉFACE

Cet ouvrage reprend le cycle presque intégral des conférences organisées à l'École de la Cause freudienne autour des connexions de l'enseignement de Lacan pendant l'année 1998-1999.

Lacan s'est intéressé à tous les domaines du savoir et, en retour, il a exercé une influence importante sur les champs les plus variés de la culture. C'est de la référence vivante que continue de représenter pour nous sa pensée que ces conférences ont voulu témoigner. Nous remercions vivement leurs auteurs d'avoir bien voulu permettre la réalisation de ce livre.

C'est à une réflexion sur le parcours de Lacan que s'est d'abord attaché Jean-Claude Milner. Après avoir reconnu la scientificité de la linguistique saussurienne et notamment la thèse de la différence absolue, fondement de sa théorie de l'Un, Lacan lui a substitué une référence à ce qu'il appelle sa *linguisterie,* qui s'attache, elle, à définir le sujet par rapport au signifiant. « Mon hypothèse, c'est que l'individu qui est affecté de l'inconscient est le même qui fait ce que j'appelle le sujet d'un signifiant [1]. »

1. Jacques Lacan, *Le Séminaire*, livre XX, *Encore* (1971-1972), Le Seuil, 1972, p. 129.

Au-delà de la scientificité de la linguistique, se pose donc la question plus consistante de son objet, le langage, et c'est à l'aune de la pensée de Wittgenstein que Jean-Claude Milner choisit de situer le pas de Lacan. Wittgenstein prétend établir une frontière entre ce qui peut être dit et ce qui ne peut pas l'être. Mais celle-ci n'est pas acceptée par Lacan : le non-sens, à l'œuvre dans le sens lui-même, ne saurait être exclu. Le mi-dire de la vérité renvoie moins à une frontière qu'à ce qui ne s'évoque que de biais et ne se laisse pas penser dans la signification. Ainsi, la part de non-sens reste pour Lacan réservée au jeu des écritures qui – au-delà de Wittgenstein – s'avèrent un « cernage du réel ».

En outre, la thèse que soutiendra Wittgenstein au milieu de sa seconde manière, en réfutant solipsisme et langage privé, semblerait selon Jean-Claude Milner inacceptable pour la théorie psychanalytique : de ce point de vue, en effet, l'inconscient relèverait de règles privées impubliables, *a fortiori* si, comme le soutient Lacan, l'inconscient se situe en deçà des significations. La référence au grand Autre permet cependant d'écarter ce point de vue et n'a rien d'un argument artificiel : elle fait plutôt valoir le déplacement majeur que Lacan opère par rapport à l'intersubjectivité classique et pèse de tout son poids pour enlever à l'opposition privé-public la portée que Wittgenstein lui assigne. La langue publique que celui-ci invoque n'a pour fondement que le face-à-face imaginaire.

Ainsi, Lacan dit non à Wittgenstein sur les deux questions essentielles de la frontière et du langage privé. C'est autour de la notion de silence que, selon Jean-Claude Milner, la confrontation prend sa signification la plus générale. La pensée de Lacan postulerait un « jamais ça ne se tait » et l'énoncé « Moi la vérité, je parle » traverserait de façon récurrente toute son œuvre.

À « l'inconscient, ça parle » Lacan, on le sait, a progressivement conjoint l'idée que l'inconscient, ça s'écrit. Ça écrit des chaînes où « le sens est joui ».

L'inconscient écrit la position singulière de l'être de jouissance du sujet. Reste l'impossibilité d'écrire le rapport sexuel lui-même.

C'est en ce lieu même que les artistes nous convoquent. On sait que Lacan, comme Freud, portait grand intérêt à la littérature, à la peinture. De nombreuses leçons tout au long des années de son Séminaire en témoignent. Pour la littérature, Sophocle, Shakespeare, le théâtre classique français, Poe, Gide… mais aussi Claudel et sa trilogie, Joyce auquel il consacra le Séminaire *Le Sinthome*, l'écriture poétique chinoise. Pour la peinture, *Les Ambassadeurs* d'Holbein, *Les Ménines*… La littérature a constamment accompagné la réflexion clinique de Lacan qui, comme Freud, pense que ce sont les artistes qui nous enseignent et non l'inverse.

Car ce n'est pas de psychanalyse appliquée qu'il s'agit ici, mais bien de reconnaître en quoi chaque artiste résout à sa manière un problème humain, universalisable parce qu'il intéresse la psychanalyse.

Ainsi, Lacan qui s'intéresse à la littérature est celui qui interprète le désir comme désir de l'Autre mais aussi celui qui considère « le rapport de l'homme à la lettre [1] ».

Effet d'une rencontre singulière, les conférences sur Claudel, Joyce et la poésie chinoise nous rappellent ce qu'est la lettre pour Lacan.

Claudel, tout d'abord, que François Regnault « interprète » avec *Partage de Midi* notamment et *Le Soulier de satin*. Lacan avait, il y a quelque trente ans, consacré trois leçons de son Séminaire *Le Transfert* à relire le complexe d'Œdipe dans la trilogie des Coûfontaine.

Ici, c'est l'impossible écriture du rapport sexuel entre un homme et une femme que François Regnault fait surgir dans *Partage de midi* en posant la question : pour Claudel, La femme existe-t-elle ? Et c'est en se

1. Jacques Lacan, *Écrits*, Le Seuil, 1966, p. 739.

servant des formules lacaniennes de la sexuation qu'il nous guide dans cette lecture.

La lettre, dans ce théâtre, est déjà dans les noms Y*sé*, P*ro*uhè*ze*, anagrammes de Rose, « cette femme » rencontrée sur le bateau pour la Chine en 1900 et dont la rencontre va commander la dramaturgie des deux pièces. Mais elle est aussi dans ce La de La femme « qui ne peut s'écrire qu'à barrer La [1] ». Or à cette femme Toute, au moment de la rencontre, Claudel semble-t-il, croit. Mais cet usage générique de l'article défini, Lacan le prescrit comme impossible, car c'est un « signifiant dont le propre est qu'il ne peut rien signifier [2] ».

S'inspirant des travaux linguistiques de Jean-Claude Milner, François Regnault analyse l'opération propre de Lacan qui pose le générique La pour le barrer aussitôt devant l'unité lexicale « femme », ce qui ne signifie pas barrer le signifiant femme lui-même.

Sans doute, lorsque « l'homme veut La femme, il ne l'atteint qu'à échouer dans le champ de la perversion [3] » mais ceci ne vaut pas pour Claudel. La Trinité à laquelle il croit, celle de la Vierge Marie, de la Sagesse de l'Ancien Testament et de l'Église, cette femme rencontrée sur le bateau l'en délivre. « Il ne prend pas Ysé pour elles. »

Il croit cependant qu'il rencontre La femme dans son sens maléfique, « La Grande Prostituée de l'Apocalypse », ou aussi bien La femme d'une théologie qui serait celle de la « prédestination sexuée ». Seule la séparation pourra alors réunir les amants.

Ainsi Claudel va-t-il s'employer à décliner dans *Partage de midi* toutes les formes du « passage du générique au défini, à l'indéfini, au démonstratif de la rencontre » et qui signent que La femme n'existe pas ; mais « ce maudit La, marque du Tout est toujours au bord de

1. Jacques Lacan, *Le Séminaire*, livre XX, *op. cit.*, p. 68.
2. *Ibid.*
3. Jacques Lacan, *Télévision,* Le Seuil, 1974, p. 60.

resurgir » et il resurgit en effet dans l'acte III avec le retour d'Ysé, où celle-ci est comme « à la place de Dieu pour Mesa ». Claudel tente alors ce qu'on pourrait appeler une « traversée du fantasme » de La femme. S'y avoue que le rapport sexuel est impossible ; comme dans *Le Soulier de satin*, impossible à écrire.

Le réel à quoi se réduit « la doctrine de la prédestination sexuée » se résout finalement dans une doctrine du nom propre qui vient nous rappeler que la nomination concerne toujours une expérience unique de jouissance : opération impossible dont le théâtre ne peut que donner un équivalent, « l'autre nom du nom » – sous la forme de nominations réitérées : « Mesa, je suis Ysé, c'est moi » ; « Ysé, Ysé ! ». Pour autant, le nom propre n'en est pas moins innommable, il n'est que ce qui fait « trou ». Ne demeure dans *Partage de midi* que cette ultime adresse : « Souviens-toi de moi dans les ténèbres un moment qui fus ta vigne. »

Que le nom propre fasse « trou dans le réel » et notamment le Nom-du-Père, c'est ce dont Joyce même éprouve la difficulté.

Joyce, pour « tenir à distance quelque chose comme une psychose [1] », tente alors à cette place de « se faire un nom » ; avec son nom propre d'écrivain, de faire un certain Nom-du-Père. Joyce se savait et se voulait occuper ainsi des générations d'universitaires – en quoi il a réussi. Écriture particulière où le signifiant tend à perdre sa signification commune en rejoignant le registre de la lettre, du signe ayant effet de Jouissance. Effort pour « écrire dans le réel quelque chose du symbolique [2] ».

C'est un parcours de Joyce que Jacques Aubert retrace ici en déployant cette question : Comment la

1. François Regnault, *Conférences d'esthétique lacanienne*, Agalma, diff. Seuil, 1997, p. 29.

2. Jacques-Alain Miller, « Lacan avec Joyce », in *La Cause freudienne*, n°38 (Séminaire de la section clinique de Barcelone), p. 17.

défaillance du Nom-du-Père de l'art va-t-elle le faire s'affubler, dans *Dubliners* notamment, du nom de *Dædalus* qui, le premier, présentifia dans la sculpture une « mimesis de la vie » ?

Comme Dédale, qui avait rejeté les *xoana* archaïques, statues figées, tronquées, manifestations mêmes de l'absence, Joyce va tenter d'apporter aux hommes une vérité originaire, « originaire du travail réel de lalangue », cette lalangue où « les mots sont ployables à tous les sens [1] ».

Mais l'identification imaginaire à Dædalus – par où l'image du corps pourra devenir portrait – chute avec son voyage à Rome. Joyce va y « abandonner son projet d'habillage de la Jouissance du Beau » et, dans une double rencontre ratée, touchant Dublin et Rome, « rencontrer un réel ». « Le pas de Dédale va devenir pas de Stephen » et Joyce signe désormais Stephen Dædalus, fils de la lignée des Dédale, fils du fondateur de l'art, mais aussi Stephen, « proto-martyr de l'Église catholique » et figure de la mort. Jacques Aubert relit l'écriture même du nom Stephen Dædalus, comme « décomposition littérale » et effets phonétiques, « éclats de voix tombant en lettres » et en montre « l'engendrement métonymique irréversible ». Abandon de l'hétéronyme Dædalus, nouvel acte.

Dès lors, « au faux trou auquel Dædalus faisait bouchon » va se substituer, avec ce nom, une métonymie qui n'inscrit pas le manque mais fait appel au mot qui toujours suit. À ce qui manque à son nom propre, Joyce par son œuvre, « trouve un complément [2] ».

À la « certitude » font place des « effets d'assentiment » qui, dorénavant, vont lui permettre d'explorer tous les discours « dans leurs moindres inflexions ».

Au rythme et à la résolution du rythme se substitue « le pur déplacement métonymique de ses

1. Jacques Lacan, *Le Séminaire*, livre XXI, *Les non-dupes errent* (1973-1974), non publié.
2. Jacques-Alain Miller, « Lacan avec Joyce », *op. cit.*, p. 60.

accents ». L'écriture se fait effet de pointe ; l'effet de sens s'annule. Résonance à effets innombrables. Pure jouissance. Joie.

Que la lettre soit désarrimée de l'imaginaire – à quoi aboutirait l'écriture de Joyce – nous rend d'autant plus sensible *a contrario* ce « mariage de la peinture et de la lettre [1] » que la poésie et la calligraphie chinoise consacrent. Ce n'est pas là au concassage du sens, au démantèlement de la parole que donne lieu l'écriture, mais plutôt à une quintessence, celle du dire et du faire.

François Cheng qui fait revivre ici sa rencontre avec Lacan, nous confirme que Lacan a élaboré sa théorie de la lettre – dans « Lituraterre » notamment – avec la théorie chinoise de la peinture [2]. De la jouissance impossible à écrire, la lettre fait trace. Trace du vivant dans la jouissance, la lettre dessine un bord, le « bord du trou dans le savoir [3] ». « Entre centre et absence [4] ».

L'absence, Lao-Tseu la nomme Vide. C'est d'elle que naissent le yin et le yang et c'est pourquoi subsiste entre eux le Vide-médian qui réside au cœur de toutes choses. « Contraire d'un lieu neutre et creux », mais plutôt « élément dynamique » qui continue d'agir dans le plein. C'est de lui que « ce qui est sans-avoir-Nom tend constamment vers le y-avoir-Nom, ce qui est sans-avoir-Désir tend constamment vers le y-avoir-Désir ».

Ainsi l'artiste sait-il, traversé par le Vide-médian, posséder cet art de vie qui rejoint la disponibilité interne, la Réceptivité vénérée par Mencius. Il peut alors, « à l'image du souffle primordial qui se dégage du Vide originel », inventer la trace tangible de cette promesse de vie qui ne cesse pas. L'Unique Trait de

1. Jacques Lacan, « Lituraterre », in *Ornicar ?*, n° 41, Le Seuil, 1987, p. 9
2. Cette idée est énoncée par Éric Laurent dans son séminaire de 1998-1999 : « La fonction de la psychanalyse », non publié.
3. Jacques Lacan, « Lituraterre », *op. cit.*, p. 8.
4. *Ibid.*, p. 10.

Pinceau, théorisé par le peintre Shitao, trait unaire, pourrions-nous dire, serait « première affirmation de l'être ». C'est « l'ajout » qui ouvre la voie, le Tao. « Enjeu d'un pari qui se gagne avec de l'encre et du pinceau [1] », c'est un « trait d'union entre l'esprit de l'homme et l'univers » qui est précédé, prolongé et même traversé par le Vide – et il n'a de cesse d'appeler les autres traits. Ainsi, comme un tableau est « un espace toujours virtuel, tendu vers d'autres métamorphoses », dans le langage poétique, « à l'intérieur d'un signe et entre les signes, le Vide-médian joue à pulvériser l'emprise de la linéarité unidimensionnelle ». Métaphore et métonymie peuvent alors être conjointes et s'engendrer mutuellement.

Aussi la poésie chinoise est-elle, comme toute poésie mais de façon paradigmatique, « effet de sens » mais également, comme l'indique Lacan, « effet de trou [2] ». Elle donne son modèle à ce qu'est en psychanalyse une interprétation [3]. Elle est « ascèse d'une écriture [4] » où se rompt le semblant.

Si la peinture et la lettre chinoise, en s'inscrivant au cœur du Rien, du Vide et en le maintenant ouvert, libèrent « l'Espace du rêve [5] », c'est d'une autre peinture, la peinture abstraite du XXe siècle que Gérard Wajcman nous entretient. « Rompant avec ce que le christianisme aura instauré comme condition et nécessité de l'image », le tableau dans l'art abstrait n'est pas « fenêtre ouverte sur l'*historia* », ni « entrée de l'invisible dans le visible ». Il est plutôt, tel le « *Carré noir sur fond blanc* » de Malevitch, tableau de ce qui est sans image, d'un rien inhabitable, « hors histoire ». Absolue et singulière présence d'un réel ne donnant

1. *Ibid.*
2. Jacques Lacan, *Le Séminaire*, livre XXIV (1976-1977), *L'insu-que sait de l'une-bévue s'aile à mourre*, non publié.
3. *Ibid.*
4. Jacques Lacan, *Le Séminaire*, livre XXI, *Les non-dupes errent.*
5. François Cheng, *L'Espace du rêve, Mille ans de peinture chinoise*, Phébus, 1980.

lieu à aucune symbolisation, le tableau de Malevitch « réfutant » le règne millénaire de l'image symbolique est ici « expérience même de l'absence d'objet ». Bien plus, « il *est* cette absence », « réelle, épaisse, opaque ». L'impossible à écrire ne laisse pas ici place, comme la lettre, à une trace de jouissance vivante mais en manifeste la destruction radicale. Il ne peut dès lors que « montrer ». L'art ici n'évoque pas le Vide inscrit au cœur de l'être comme la peinture chinoise le fait, il en montre le manque.

Si Joyce, comme Dédale, voulut s'éveiller des *xoana* sans forme, évoquant l'absence dans la présence, pour produire une mimesis de la vie, c'est à des *xoana* modernes que la peinture abstraite ferait songer. Mais au lieu de l'absence, c'est le réel ici qui se présente, l'exclusion de tout sens.

Ce réel, exclu du sens que l'art abstrait du XXe siècle ne peut que montrer, Gérard Wajcman en fait un événement : celui de la shoah. À cet événement irreprésentable, immémorial et qui a voulu éradiquer les noms eux-mêmes, à ce qui ne cesse pas de ne pas s'écrire, le film de Claude Lanzmann donne un nom : *Shoah.*

Cette nomination est un acte fondateur. L'œuvre d'art y instaure son temps.

Ainsi, au-delà de l'imaginaire du Beau, de l'image qui, voilant le manque, « est d'or », « dort [1] », l'écrit et la lettre – qu'ils soient ou non mariés à la peinture – nous réveillent. Par ce qui du signifiant s'en précipite, se dessine un accès au réel.

Chaque fois qu'une vérité s'énonce, qu'une plainte s'émet, qu'un mi-dire advient, énonce Lacan, « c'est toujours d'une référence à l'écriture, que ce qui dans le langage peut être situé trouve son réel [2] ».

Rose-Paule VINCIGUERRA

1. Jacques Lacan, *Le Séminaire*, livre XXI, *Les non-dupes errent.*
2. *Ibid.*

JEAN-CLAUDE MILNER

DE LA LINGUISTIQUE À LA LINGUISTERIE

La linguistique a intéressé Lacan à partir du discours de Rome. Elle l'a intéressé en tant que science. On pourrait même soutenir qu'entre l'avant et l'après 1953, les traits différentiels pertinents s'ordonnent d'un seul mot d'ordre : prendre enfin la mesure d'un nouveau *factum scientiæ* dont la linguistique porte témoignage et qui rend obsolètes toutes les épistémologies antérieures. Il est vrai cependant qu'à partir des années 60, cet intérêt a continûment décliné, même s'il n'a complètement cessé qu'au séminaire XX, où se perçoivent quelques accents d'adieu.

Une question se pose alors : que signifie l'affaiblissement d'un recours réputé tout d'abord si décisif ? À quoi tient l'inflexion et quelles conséquences entraîne-t-elle ? Encore faut-il qu'on soit au clair sur la nature du recours lui-même. Le décisif tient-il au nom de science ? À pouvoir porter ce nom, la linguistique manifesterait que la science n'était pas tout à fait ce qu'on croyait avant elle. Ou le décisif tient-il au langage ? À prendre le langage pour domaine (moyennant les raffinements que Saussure apporte aux définitions), la science linguistique en établirait des propriétés ignorées avant elle.

Dans le premier cas, le désintérêt pour la linguistique doit être expliqué par une inflexion touchant la science ; dans le second cas, le désintérêt a affaire avec la question du langage en lui-même. Au reste, le choix n'est pas exclusif. Pour la clarté cependant, je séparerai les deux hypothèses en poussant chacune d'elles aussi loin que possible, quitte à constater au final qu'elles entretiennent quelque relation.

1. Première hypothèse : quant à la linguistique, le nom de science est décisif

1.1. Aux yeux de Lacan, il s'agit d'une science galiléenne telle que Koyré la définit ; elle a un objet empirique et radicalement contingent, au même titre que la physique ; et, au même titre que la physique, elle est mathématisée, sinon que la mathématisation ici ne doit rien à la mesure et tout à la littéralisation contrainte.

Première conséquence : la mathématisation se révèle pouvoir être entendue autrement qu'on n'avait supposé.

Seconde conséquence : il y a science galiléenne de ce qu'en termes antiques, on eût attribué à la convention ou, en termes modernes, à la culture : la langue.

Cela peut se dire de deux manières : ou bien, il y a un galiléisme de la culture (et c'est la notion de science qui change), ou bien, si l'on convient d'appeler « nature » le champ des sciences galiléennes, alors la nature inclut des phénomènes qu'on disait relever de la culture (et c'est la notion de nature qui change). Dans l'un et l'autre cas, il s'agit d'une révolution de la pensée. Le mot n'est pas trop fort. D'autant plus que la langue n'en est pas seule affectée : c'est ce qu'on a appelé le structuralisme. De cette révolution, nous avons été les témoins. Pour cette raison même, nous n'en avons pas toujours exactement mesuré l'ampleur[1]. Elle était

1. Un exemple entre cent : c'est l'une des rares fois dans l'histoire qu'on a prétendu inventer des formes nouvelles de raisonnement empirique. Ainsi, la distribution complémentaire est un raisonnement présenté comme empiriquement contraignant, alors même qu'aucune logique empirique antérieure, qu'il s'agisse d'Aristote, de Bacon, de Stuart Mill, n'en avait eu l'idée.

grande, si même, sans nul doute, enveloppée de mondanités et, par-dessus tout, éphémère.

1.2. Car le dispositif matriciel s'est constitué au début de ce siècle (le *Cours de linguistique générale* date de 1916) et l'on pourrait croire qu'il s'achève avec ce siècle. Si, comme Lacan, l'on entend par linguistique ce qui s'institue dans le *Cours de linguistique générale*, il faut reconnaître ce qui est ; rien n'en est plus entendu aujourd'hui, toute évidence perdue. Il y a à cela plusieurs raisons ; certaines tiennent à la linguistique elle-même et à son évolution interne, qui lui a fait révoquer en doute certaines des propositions les plus nettement affirmées du *Cours*. D'autres tiennent à la *doxa*.

La linguistique dépendait, sans nécessairement le savoir, d'une proposition : la langue n'est pas une superstructure. Que Staline ait été le seul à la formuler explicitement et à en tenter une démonstration en forme, n'empêche pas qu'on ne puisse la restituer, directement ou non, dans les divers modèles de la linguistique moderne. Or, tout aujourd'hui repose sur la conviction de *doxa* que la langue est une superstructure. Témoin, la querelle sur la féminisation des noms de métier. La conviction est bien ancrée à gauche, mais ailleurs tout autant, qu'un pouvoir politique (l'État, les groupes de pression, la presse d'opinion, etc.) a le droit et le devoir d'intervenir sur la langue. De cette conviction, la version progressiste suscite le consensus : étant admis premièrement qu'on mesure la volonté réformatrice d'un pouvoir à ce qu'il veuille réformer les superstructures (sans toucher aux infrastructures, bien entendu, parce que cela, c'est la révolution et ça conduit au *Livre noir*) et étant admis secondement que la langue est une superstructure, un pouvoir ne sera complètement réformateur qu'à toucher aussi cette superstructure-là. Bref, la *doxa* en France et ailleurs est redevenue ce qu'elle était avant Saussure ou Meillet. Tout le monde parle du langage en général et de la langue française en particulier comme si la linguistique n'avait pas existé. Sans excepter les linguistes eux-mêmes. Cette évolution excède la linguistique proprement dite. Elle a sans doute touché la psychanalyse. Après tout, le propre du freudisme ne consiste-t-il pas à tenir que le refoulement n'est pas une superstructure ? Que dans les us et coutumes d'une société (famille, propriété, État), le binarisme nature/culture n'épuise pas tout ? Que quelque chose des relations de parenté et des échanges entre hommes et femmes excède la somme des déterminations superstructurelles d'une culture donnée ? Or, le discours courant proclame incessamment le contraire. Y fait prime ce qu'on est convenu d'appeler la vision sociologique du monde (que ce soit dans sa version historienne ou dans sa version journalistique) ; elle revient à affirmer que tout est superstructure, d'une infrastructure indéterminable (parce qu'on n'est plus marxiste), sinon comme nature hors langage : gènes, ou écologie, ou besoins spirituels, peu importe (puisqu'en tout état de cause, à l'infrastructure, on ne touche pas, sous peine d'abominable révolution – respect du gène, de l'écologie, des spiritualités, etc.). On pourrait même préciser de quelle manière la psychanalyse est transposée à ce registre. Il lui revient très spécialement la mission de convertir en superstructures le noyau réputé le plus infracassable et le plus nocturne des rencontres *homo homini.* Travail, famille, patrie, elle seule est censée capable de les assouplir au gré des doigts réformateurs. De faire en sorte que l'inconscient lui-même devienne superstructurel et, de réactionnaire, se fasse progressiste.

Le triomphe social de la psychanalyse ne doit pas dissimuler le retournement : elle est devenue elle-même l'auxiliaire d'une doctrine superstructurelle dont le freudisme strict pensait avoir tout à craindre. À ce retournement a sûrement contribué l'obscurcissement de toutes les formes de littéralisme, au premier rang desquelles on trouvait justement la science littérale du langage.

1.3. Le dispositif sociologisant est un revenant. Il n'accomplit rien de moins qu'un retour et une restauration du dispositif antique qui opposait l'un à l'autre deux règnes :

– le règne des lois muettes, qui n'ont pas besoin d'être exprimées en langue humaine pour contraindre : c'est la *physis* ou la nature non moderne ;

– le règne des règles qui peuvent et doivent être exprimées en langue humaine : règne de la convention (*thesei*).

De cette dichotomie ancienne, il est bien des variantes stylistiques : infrastructure/superstructure, nature/culture, nature/société, choses/hommes, choses/mots, nécessité/liberté, sciences/lettres, etc. Voilà justement ce que le *Cours de linguistique générale* avait récusé. En bloc.

La linguistique, en tant que science, était donc décisive. Plus qu'aucune autre science, elle attestait la légitimité du galiléisme étendu à la culture ; elle parachevait une figure toute moderne de la nature, radicalement distincte de la *physis* ; plus strictement encore, elle définissait un mode de l'Un qui ne devait plus rien à l'Un de la *physis* – qu'il s'agisse de la *physis* aristotélicienne ou de la *physis* atomiste : un Un qui n'est pas celui de l'atome, ni celui de la lettre (à quoi l'atomisme peut se ramener), mais bien celui du signifiant qui « ne représente que pour ».

1.4. Ce que j'appelle le premier classicisme de Lacan s'inscrit là tout entier. Le programme scientiste de Freud est alors repris sur des bases nouvelles. La relation de la psychanalyse à la science de la nature est réexaminée, sinon que la notion de nature a changé et que le concept de science est redéfini : retour à Freud, mais pas à Mach. À tout cela le second classicisme accorde, il est vrai, moins d'importance. La référence à la structure s'érode d'autant plus que de son côté, la linguistique cesse de se vouloir structuraliste au sens strict et tend à naturaliser de plus en plus son objet – jusqu'à définir le langage comme un organe. Est ainsi remise en cause la déhiscence entre nature et *physis*, les deux règnes tendant à se superposer à nouveau.

Dans la linguistique, mais aussi chez Lacan : dans le logion du séminaire XX, « la nature a horreur du nœud », « nature » doit s'entendre de manière prégaliléenne.

1.5. La relation à la linguistique se fait donc moins étroite. En témoigne le thème de la linguisterie. C'est du sein du second classicisme naissant qu'émerge ce nom. Dans *Télévision*, Lacan écrit : « Du langage [...] on ne sait que peu : malgré ce que je désigne comme linguisterie pour y grouper ce qui prétend, c'est nouveau, intervenir chez les hommes au nom de la linguistique. La linguistique étant la science qui s'occupe de la langue, d'y spécifier son objet (le langage), comme il se fait de toute autre science » (p. 16). Tout ici mériterait commentaire : la distinction entre le langage et la langue ; le fait que la linguistique soit toujours réputée science ; le fait qu'elle soit dite avoir pour objet le langage (pour être classique, la proposition n'est pas triviale) ; la notion d'intervention, qui sans doute est à relier à la notion de pratique ou *praxis*, que Lacan invoque souvent à propos de la psychanalyse.

Disons, pour abréger, que le second classicisme tient pour réglé le problème de la science ; à cet égard, l'importance du galiléisme étendu diminue ; c'est un combat passé, qui s'est achevé par une victoire. Rappelons que Lacan, plus que personne, raisonnait en combattant et savait que les champs de bataille changent. Voir telle note des *Écrits*, p. 809, n. 1.

Je tiens pour ma part que Lacan avait matériellement tort : le combat du galiléisme étendu a été perdu. À moins, ce qui revient au même, que sa victoire n'ait été éphémère et ne se soit bien vite changée en défaite. Une conséquence, que l'on constate : des pans entiers de la doctrine lacanienne sont devenus proprement incompréhensibles, ou plutôt inactuels, sinon intempestifs, au sens où Nietzsche disait *unzeitgemässig*. Mais peu importe. Au moment où Lacan invente le nom de « linguisterie », il a ses raisons pour croire à une victoire et donc au caractère dépassé de certains combats, quitte à commenter plus tard, comme il l'avait déjà fait en d'autres occasions, « où avions-nous la tête ? » (*ibid.*). Ce point étant admis, on comprend que Lacan rappelle que ce qui importe à l'inconscient, ce n'est pas la science linguistique comme telle, mais le langage.

Pour autant, elle ne cesse pas d'importer quelque peu : « Intervenir au nom de la linguistique », est-il dit. L'expression est forte. D'autant plus qu'on est après 68 et que le mot d'intervention a retrouvé son sens de mouvement violent. Entendons par « langage », le sténogramme nominal de cette proposition de fait : « les hommes parlent » (d'où l'on tirerait aisément, moyennant quelques propositions supplémentaires, les notions d'« être parlant » et de « parlêtre », à substituer sans doute au nom d'« homme [1] »). Intervenir chez les hommes au nom de ce qu'ils sont parlants, ce pourrait être une manière de décrire la praxis de la psychanalyse. Ce n'est pas ce que dit Lacan, puisqu'il dit « intervenir au nom de la linguistique » ; mais si l'on restitue les anneaux intermédiaires, il est permis de comprendre : la nouveauté qui perdure, c'est que l'affirmation immémoriale « les hommes parlent » (= langage) a pris désormais une portée radicalement nouvelle et cela, depuis qu'une linguistique est possible. Galiléenne ou pas : il suffit qu'elle se veuille telle ou, plutôt, que certains linguistes la veuillent telle ; tout ce qui de près ou de loin a affaire à l'affirmation immémoriale s'en trouve donc affecté ; c'est cela la linguisterie.

1. Bien entendu, je simplifie. De la proposition « les hommes parlent », on saute hardiment à la proposition « les hommes parlent quelque chose ». Le langage est à la fois le sténogramme de la première proposition et le nom rassembleur de ce « quelque chose » que les hommes parlent. Je n'insiste pas sur ce qu'il y a d'imaginaire dans le saut d'une proposition à l'autre, dans la construction du sténogramme et dans la constitution en être consistant (et analysable en propriétés) de cet *x* que les hommes sont supposés parler.

Il est vrai que les choses ont changé depuis 1953. Dans le discours de Rome, on discerne la conviction que, par la linguistique, on en saurait beaucoup plus sur le langage que n'en savait Freud. Par contraste, la proposition de *Télévision* est un constat d'échec, confirmé par d'autres déclarations (*Radiophonie*, p. 62) : sur le langage, la linguistique nous aura finalement peu appris. Peu, cependant, ne veut pas dire rien.

En inventant le nom de « linguisterie », Lacan appelle la psychanalyse à se souvenir sans cesse qu'au regard de qui l'autorise – le *factum loquendi*, le fait qu'il y ait du langage –, existent non seulement les écrivains, si chers à Freud, mais aussi quelques linguistes. Jakobson peut éclairer autant que Goethe ou Dostoïevski, même si sa lumière est d'une autre nature et suscite d'autres types de rayonnements. De là vient que « linguisterie » soit formé sur le nom « linguiste », moyennant un suffixe souvent réservé à des groupes dont les membres sont dispersés, méprisés, rivaux les uns des autres et voués à une vieillesse déplorable : escroquerie, galanterie, cuistrerie, piraterie. Science ou pas, la linguistique compte moins comme telle qu'elle ne compte comme aventure de quelques sujets.

Reste que ces sujets la voulaient science et que ce vouloir seul pouvait en notre siècle les animer d'une force suffisante – tout de même après tout que la science seule pût faire aller dans l'espace : tout à la fois Graal et flibuste. À ce registre, la linguistique continue de compter, parce que ses aventuriers, par leur ratage, plus que par leur réussite, ont touché quelques récifs de réel.

2. En tout état de cause, on est renvoyé de la première hypothèse à la seconde : quant à la linguistique, seul le langage importe.

Qu'est-ce que Lacan suppose du langage ? Malgré l'apparence, il n'est pas trivial d'évaluer avec précision la portée *propre* de cette supposition. Cela du moins cesse d'être trivial quand on s'impose, comme il convient, de la disjoindre du mouvement général auquel on la relie communément : cette forme particulière du tournant « linguistique », ou plutôt « langagier », dont, depuis les années 30, la *paideia* française avait été progressivement marquée. La disjonction est du reste engagée par Lacan lui-même : l'inflexion amorcée dans *Télévision* recèle un adieu non seulement aux années 60, mais encore aux années 30. Puisque le dispositif évolue, il est opportun de se choisir un repère qui lui soit extérieur. Wittgenstein est ici précieux. Aussi bien le premier Wittgenstein que le second, bien que les doctrines soient différentes et, de fait, justement parce qu'elles le sont.

2.1. Le premier Wittgenstein, celui du *Tractatus*, énonce les trois propositions suivantes : (a) il y a entre ce qui peut se dire et ce qui ne peut pas se dire, une frontière réelle et infranchissable ; (b) ce dont on ne peut parler, il faut s'en taire ; (c) ce dont on ne peut pas parler, on ne peut que le montrer. Il y ajoute des définitions, « pouvoir se dire », c'est pouvoir se dire de manière douée de signification et « parler de quelque chose », c'est en dire quelque chose qui soit doué de signification [1].

« Le livre tracera donc une frontière [...] non pas à l'acte de penser, mais à l'expression des pensées » (Avant-propos, p. 31). S'il y a frontière dans les expressions, cela veut dire qu'on ne peut pas dire de la même manière les deux côtés de la frontière : il y aura signification d'un côté, il n'y en aura pas de l'autre ; mais cela veut dire aussi qu'il y a expression des deux côtés. Wittgenstein sur ce point est clair : « Pour tracer une frontière à l'acte de penser, nous devrions être capables de penser les deux côtés de la frontière (nous devrions penser ce qui ne se laisse pas penser). »

1. Je cite le *Tractatus* dans la traduction de Gilles-Gaston Granger (Gallimard, 1993), moyennant une modification : Gilles-Gaston Granger traduit l'allemand *Sinn* par « sens » ; je préfère la traduction « signification ».

Puisqu'on peut au contraire tracer une frontière dans la langue, il faut bien qu'il y ait des choses qui se disent en langue, mais dont le dire ne s'articule pas en propositions douées de signification.

Après tout, c'est ce qu'a toujours supposé la logique, qui, pour cette raison même, s'est volontiers présentée comme une sorte de médecine de la langue. C'est à vrai dire le seul motif pour lequel la logique peut être considérée comme une partie de la philosophie. De ce point de vue, le titre de Wittgenstein est éclairant, qui combine logique et philosophie et par là revendique l'intention thérapeutique.

Autre conséquence : la langue en elle-même et pour elle-même est intrinsèquement antérieure à toute frontière qu'on y trace au nom de la signification ; elle peut et doit être analysée indépendamment de cette frontière. Tel est bien le point de vue de la linguistique. La langue en elle-même et pour elle-même, c'est le mot de Saussure et déjà les grammairiens anciens se riaient des logiciens, leur opposant que phrases vraies et phrases fausses, phrases sensées et phrases absurdes, théorèmes et truismes, *épistêmê* et *doxa* avaient même structure de langue.

On comprend alors le choix de Lacan. Comme Hercule à la croisée des chemins, il trouvait, en articulant l'inconscient au langage, deux voies devant lui : la voie de la logique, entendue comme médecine réduisant les paralogismes, les obscurités, au nom de la signification sauvée, et celle de la linguistique, entendue comme science galiléenne, impassible et impartiale entre signification et non-signification. Choisir la linguistique, c'est choisir que la signification ne fasse pas frontière dans le langage (ce qui n'exclut pas qu'il y ait, dispersés, aléatoires, instantanés, des effets de bord, que Lacan assigne au « sens »). C'est choisir que les expressions ne se divisent pas en deux règnes séparés, mais que l'on peut mi-dire : être à la fois des deux côtés de quelque frontière de signification que ce soit.

Réciproquement, du reste, la logique elle aussi se divise en deux : tant qu'elle se préoccupe de ce qui fait signification ou pas, elle est logique philosophique et ressortit à l'imaginaire (y compris pour le réduire : grandeur de Russell) ; elle ne touche au réel qu'à laisser de côté la question de la signification, pour s'en tenir au pur et simple calcul littéral, lequel ne vise pas à réformer le langage quotidien, mais à s'y substituer entièrement. Gödel ou Bourbaki, et non Russell.

Le logion décisif est bien qu'« il n'y a pas de métalangage [1] ». La distinction « langage »/« métalangage » (relayée par la distinction « mention »/« usage », par la définition des guillemets comme préservatifs de la signification, etc.) était au fondement de la plupart des médications logiques ; dire non à cela, c'est certes prendre acte d'une donnée incontournable : toute la *Traumdeutung* et de manière générale toute interprétation reposent sur l'indistinction ou plutôt l'homophonie nécessaire entre mention et usage. Mais c'est encore davantage. Quant au langage, c'est oser dire non à la logique, grâce à la linguistique ; et quant à la logique, c'est dire non à toute médication (donc aussi à la lecture wittgensteinienne de la logique), et oui à la

1. À condition de le bien comprendre. Ce qui est nié, ce n'est pas la possibilité pour la langue de parler d'elle-même ; bien au contraire, ce qui est nié c'est la nécessité réelle pour la langue, quand elle parle d'elle-même, de sortir d'elle-même. Afin d'éviter les contresens, on lira Jacques-Alain Miller, « U ou il n'y a pas de métalangage », *Ornicar,* n° 5, hiver 1975/1976, p. 67-72. On prendra garde en particulier de ne pas confondre le logion de Lacan et une proposition telle que celle de Wittgenstein : « Aucune proposition ne peut rien dire à son propre sujet » (*Tractatus*, 3.332). Sans parler de la proposition plus générale, récurrente sous une forme ou une autre, chez les logiciens : « Il est impossible de parler significativement d'un langage L en demeurant à l'intérieur de ce langage. » C'est là justement l'axiome fondateur du métalangage. À l'inverse, le logion de Lacan peut se paraphraser : « d'une langue, seule une langue parle » ou « on ne sort pas de la langue ». Quant au linguiste, il sait de longtemps que la grammaire latine peut demeurer intérieure au latin et en suivre les règles. Ou que le fragment de langue *haec est virtus* peut fonctionner comme le nom même de la règle qui y est appliquée.

littéralité pure : logique, science du réel et non du langage.

On pourrait pousser plus avant. Non seulement Lacan récuse toute frontière réelle dans le langage, mais il tient qu'il y a frontière réelle dans les pensées. N'est-ce pas ce que suppose le concept même d'inconscient ? Dans l'interprétation que Lacan donne de Freud, il y a bien frontière à l'acte de penser, avec une conséquence : l'analyse doit penser ce qui ne se laisse pas penser. On connaît la résolution lacanienne de ce que Wittgenstein présente comme une impasse : puisqu'il y a frontière à l'acte de pensée et puisqu'il n'y en a pas dans le langage, alors il est possible de bien dire ce qui ne se laisse pas penser. Et puisque c'est possible, c'est un devoir. D'où un renversement général de Wittgenstein : le rêve ne montre pas, ni le symptôme, ni le lapsus, ils disent. Bref, l'inconscient n'est pas exposable comme un tableau, mais structuré comme un langage. D'où un déplacement de la proposition 7 du *Tractatus* : sur ce qu'on ne peut pas penser, il faut mi-dire.

Que l'on puisse dire les deux côtés de toute frontière, Lacan ne s'est pas lassé d'en répéter l'axiome. Il l'a déployé de multiples manières : par la ligne platonicienne et l'*orthè doxa*, par la topologie qui, opposant sphérique et asphérique, autorise aussi qu'ils soient ajointés l'un à l'autre, par la définition du mathème comme *orthè doxa*, par la théorie de la vérité ; il l'a complété en ajoutant qu'on peut toujours dire les deux côtés d'une frontière, mais non pas tout en dire (formalisation quasi russellienne du pas-tout). À condition de comprendre que dire la vérité, c'est proprement dire les deux côtés de toute frontière, on reconnaît les premiers mots de *Télévision*. La décision initiale cependant est claire ; il fallait ne pas croire un mot, quant au langage, de ce qu'en disaient les logiciens : à savoir que la signification y est essentielle. Mais pour tenir que la signification n'est pas essentielle au langage, il fallait aller contre l'humanité tout entière. La première et la seule, la linguistique avait eu cette arrogance. J'ajouterai, en passant, qu'elle commence à la payer.

2.2. Le second Wittgenstein affirme dans les *Investigations philosophiques* : « Il n'y a pas de langage privé. » Sur l'interprétation exacte de cette affirmation, les commentateurs disputent (je renvoie entre autres à Kripke). La plupart d'entre eux admettent cependant que l'usage du mot « privé » suppose l'opposition « public/privé », telle qu'elle est communément entendue dans la *doxa* philosophique. Ils admettent aussi qu'on peut dégager deux sous-propositions : (a) là où il n'y a pas règle, il n'y a pas langage ; (b) il n'y a de règle que publiée.

La proposition (a) ne distingue pas Wittgenstein de la plupart de ceux qui doctrinent sur le langage ; c'est la proposition (b) qui est discriminante. Wittgenstein la déploie en sous-propositions multiples : jamais on ne peut reconstruire une règle non publiée par induction à partir de conduites observées, parce que n'importe quelle conduite peut être considérée comme l'application de n'importe quelle règle ; obéir à une règle ne saurait être une conduite uniquement privée, etc. (*Investigations*, I, § 199-202). Qu'il n'y ait de règle que publiée, c'est ce que sténographie la notion de « jeu ». De là le mythe (au sens platonicien du terme) du « jeu de langage » ; tout fragment de langage peut et doit être raconté comme un jeu dont on aurait précédemment énoncé la règle devant quelque public. Bien que, bien entendu, aucun langage ne soit un jeu et que jamais on n'en énonce d'avance les règles comme celles d'un jeu. L'expression « jeu de langage » est seulement le sténogramme de la thèse « il n'y a pas de langage privé ».

Or, le logion lacanien de la structure, j'entends le logion qu'on peut tirer de « l'inconscient est structuré comme un langage », suppose précisément que l'inconscient soit un langage privé. Car enfin, qu'est-ce que la linguistique supposait en raisonnant sur la structure ? Que les sujets parlant une langue respectent des règles et des contraintes dont tous et chacun ignorent le contenu, sinon l'existence.

Cette supposition est antérieure à la linguistique elle-même ; elle est implicite dans les anecdotes les plus anciennes touchant la langue : anecdote du *schibboleth*, de la marchande d'herbes et de Théophraste, etc. Elle subsiste alors même que la linguistique galiléenne ne raisonne plus en termes de structure. Si, comme l'avait supposé Chomsky, une grammaire est un ensemble de règles, et si quelque grammaire existe comme « faculté de langage » (expression de Saussure, reprise par Chomsky) chez tout être parlant, dès sa naissance, alors il y a un langage privé (même s'il ne subsiste jamais qu'en puissance et ne s'actualise jamais qu'en une langue publique) ; le sujet parlant obéit aux règles de manière privée ; le linguiste les reconstruit par induction ; ce qui suppose que n'importe quelle conduite ne soit pas l'application de n'importe quelle règle [1].

Dire donc que l'inconscient est structuré comme un langage, c'est donc d'abord dire que l'inconscient est, comme tout langage en tant que ce langage est structuré, chose privée. Et de fait, tel que la psychanalyse freudienne l'a constitué, il fonctionne de façon strictement réglée, mais sans qu'aucune de ses règles

1. Tel est l'enjeu de l'innéisme chomskyen, qu'il soit interprété ou non en termes phylogénétiques. En fait, tout innéisme revient à supposer qu'il y a un langage privé. Réciproquement, la négation du langage privé revient à récuser tout innéisme, y compris l'innéisme lorenzien. On notera au passage que se trouve du coup récusée par avance toute doctrine cognitiviste, selon quoi il existe, phylogénétiquement constituées, des règles « privées », propres à chaque appareil de cognition. Bien entendu, il est aussi tentant d'interpréter l'*a priori* kantien comme un langage privé ; toute entreprise transcendantale suppose que le sujet obéisse privément à quelques règles. Même remarque, *a fortiori*, sur l'impératif catégorique. En revanche, on pourrait soutenir que le Cogito ne suppose aucun langage privé et se combine aisément à l'hypothèse d'une définition publique des règles d'emploi du mot « cogito » (sans même parler d'une définition publique des règles de la méditation).

soit publiée ; bien plus, la notion même de cure suppose qu'à publier telle règle d'un inconscient singulier, on la dissout : non publiée, la règle serait aussi non publiable. En construisant l'hypothèse d'un inconscient structuré comme un langage, la psychanalyse affirme très précisément l'existence réelle d'un langage privé de la souffrance, ou du moins du malaise (comparer *Investigations*, I, § 243). Au reste, le symptôme ne consiste-t-il pas en l'obéissance strictement privée à une règle strictement privée – obéissance et règle si privées qu'elles ne sont même pas toujours reconnues ni comme obéissance ni comme règle, ni par un témoin ni par le sujet lui-même ? Sans parler de certaine célèbre verbalisation, décomposée par Serge Leclaire.

2.3. À cette lumière, on ne peut que souligner la consistance systématique qui devait mener Freud à poser également l'existence de jeux privés. C'est le *fort-da.* Il y a jeu, certes, mais celui qui s'y livre serait hors d'état d'en formuler la règle. Premièrement, parce qu'il est encore presque *infans* ; deuxièmement, parce que la règle n'existe pas à proprement parler : elle consiste seulement dans une apparition et une disparition, associées à une opposition phonique ; troisièmement, parce que le joueur ne sait pas qu'il joue, ne sachant pas même ce que c'est que de jouer. Qui plus est, l'observateur prétend pouvoir reconstruire la règle par simple analyse baconienne (table de présence et d'absence) d'une conduite ; cela même que Wittgenstein répute impossible ou vain. Enfin, cette induction suppose qu'à la règle dont il ignore l'existence alors même qu'il la crée, l'enfant obéit de manière strictement privée. Il faut tout le savoir-faire de Freud pour déceler en lui une obéissance.

Le pas de Lacan éloigne encore davantage de Wittgenstein. Quoique *infans*, le joueur se découvre pris dans les réseaux du langage. Mais pour admettre que le langage est ici engagé, il faut que le langage soit conçu précisément comme le concevait la linguistique structurale : un système tel qu'une seule différence lui est à la fois nécessaire et suffisante. On sait ce que l'opposition O/A opère ici ; à elle seule, elle atteste le réel de la structure phonologique, mais supposer que cela suffise à autoriser qu'on parle de structure linguistique, seuls Saussure et Jakobson l'autorisent. Freud sans doute ne l'aurait pas admis ; à ses yeux, le langage réclame les mots. C'est du reste pourquoi il a besoin de reconnaître les lexèmes *fort* et *da* au travers de ce que Lacan préfère tenir pour des phonèmes. Mais la différence entre lexème et phonème est ici cruciale. S'il s'agit de lexèmes, le wittgensteinien pourra toujours exciper d'un tiers (public) qui aurait publié la règle du jeu de langage qu'est le fragment pertinent de la langue allemande : la paire de mots *fort* et *da*. Mais s'il s'agit de phonèmes, nul tiers (sinon l'Autre, qui justement est la structure) n'a pu publier, comme telle, leur opposition pertinente.

Bien entendu, il suffit d'un peu de sophistication pour combler tous les différends. Ainsi, le lacanien n'aura pas de peine à montrer que rien n'est proprement privé, ni dans le langage ni dans l'inconscient. Le concept d'Autre (dit « grand Autre ») permet cela aisément. Mais soyons clair : un wittgensteinien conséquent ne saurait admettre que l'Autre suffise à déprivatiser le for intérieur. Le point effectif est celui-ci : l'opposition privé/public est pertinente chez Wittgenstein, parce que précisément le seul problème qu'il tienne pour réel au sortir du *Tractatus*, et cela par décision explicite, est celui d'autrui, en tant que semblable, c'est-à-dire en tant que petit autre. Alors que le grand Autre, qui n'est crucialement pas un semblable, récuse par sa seule existence le couple duel privé/public auquel Wittgenstein par principe entend se limiter. En ce sens, le lacanien ne dira peut-être pas que l'inconscient est un langage privé, mais c'est pour refuser que le mot « privé » ait ici la moindre signification. Là encore, il s'autorise de ce que la linguistique, même ramenée à son noyau minimal, soutenait.

3. Que Lacan dise non à la fois à Wittgenstein 1 et à Wittgenstein 2, cela veut dire qu'il dit non à la fois à ce qui les distingue et à ce qui les rassemble

Ce qui les distingue : la doctrine de la frontière pour l'un, et la doctrine du langage privé pour l'autre. Ce qui les rassemble : le silence. Il faut se taire, dit le premier. Il n'y a pas de langage privé, dit le second ; entendons : ou il n'y a pas de monde privé du tout, ou tout monde privé est monde du silence ; or, il y a un monde privé – sinon qu'il ne mérite peut-être pas d'être tenu pour un monde – donc il y a du silence. Cela épelle une supposition unique : que le silence soit possible. Or, l'axiome de Lacan, c'est que le silence n'existe pas. Jamais, ça ne se tait. Voilà ce qu'il faut comprendre dans le « ça parle ». Voilà ce qu'il faut entendre dans les logia freudiens, que Lacan rapproche : « la voix de l'Ics est basse, mais elle dit toujours la même chose », « la voix de la vérité est basse, mais elle dit toujours la même chose ». Ce « toujours » et ce « même », oscillant entre leitmotiv et basse continue, disent à la fois que ça revient toujours à la même place (répétition) et que jamais ça ne cesse (nécessaire et impossible). Le silence n'existe pas ; cela peut se dire inconscient, cela peut se dire vérité, cela peut se dire structure, cela peut se dire langage. On comprend alors ce qu'avait de singulier la linguistique encore naissante dans les années 50 ; s'occupant du détail des langues telles qu'elles sont, elle construisait et ouvrait un écrin de synonymes pour la trouvaille freudienne : que ça parle, même quand ça se tait.

À dire cette trouvaille, nul autre discours peut-être ne pouvait suffire. Il a donc été infiniment heureux que la rencontre se fasse – et l'on ne mesurera jamais assez combien elle était improbable. Jusqu'à ce que la linguistique elle-même atteigne son point d'insuffisance et qu'il faille passer par d'autres voies. Y compris la voie taciturne ; si le silence n'existe pas, pourquoi, à l'occasion, ne pas fermer la bouche ?

On sait que Lacan a choisi, quelque jour, cette voie taciturne. J'ai moi-même posé la question : était-ce un ralliement à Wittgenstein ? Peut-être pas. Peut-être était-ce justement le contraire. Car enfin, que le silence soit impossible, cela va de pair avec le fait que ça parle même quand ça se tait. Déjà les linguistes affirmaient que leurs règles muettes dessinent un langage qui d'avance parle (l'*infans*, le sourd-muet sont des êtres parlants). Mais peut-être d'autres indices ont-ils quelque jour paru plus solides à Lacan. Impossible de ne pas articuler l'émergence en lui de la maxime taciturne – taciturne, mais peut-être pas silencieuse, ni muette [1] – avec l'émergence d'un « c'est écrit », à conjoindre et opposer au « ça parle » du premier classicisme. Comme si le logion décisif n'était aucun des deux, mais un autre vers quoi ils pointent : « ça ne se tait jamais... » Que jamais ça ne se taise, ce serait cela – malédiction ou félicité – que sténographie en fin de compte le nom de *langage*. Lacan y accéda tout d'abord par la voie du « ça parle », où la linguistique se révéla décisive, par sa seule possibilité, plutôt que par ses théorèmes propres. Lacan peut-être constata quelque jour qu'il y accéderait mieux par la voie d'un « c'est écrit », à quoi les Lettres conduisaient, et la réflexion sur les sexes. De là quelque retour à l'idéogramme et au hiéroglyphe, en tant qu'ils ne montrent pas, mais disent. À la littérature, ou plutôt à son image renversée dans les eaux, qui dessine des terres impossibles : « Lituraterre ». De là quelque retour au poème [2]. Mais dans l'un et l'autre cas, la phrase

1. Le linguiste ne peut manquer de noter les amphibologies. « Silence » en français peut désigner le silence de l'être parlant, mais aussi celui des objets non parlants : l'absence de parole, mais aussi l'absence de bruit. Alors que « se taire », « taciturne », « muet », « mutité » sont dans la dimension du langage. On notera qu'est taciturne celui qui se tait, alors qu'il pourrait parler s'il le voulait ; est muet, en revanche, celui qui ne peut pas parler, quand même il le voudrait.

2. Voir sur tout cela le séminaire « Vers un signifiant nouveau », *Ornicar ?*, n° 17-18, 1979, p. 7-23.

qu'amorçait le *ça* ne pouvait se conclure qu'au régime du langage, car ça n'existe qu'à ce régime, qu'il s'agisse d'un parler ou d'un être écrit. Peut-être faut-il parfois alors que je me taise pour faire entendre que ça ne cesse pas de ne pas se taire.

GÉRARD WAJCMAN

L'ART, LA PSYCHANALYSE, LE SIÈCLE

Il y a quelques raisons fortes pour dire que le XXe siècle aura été le siècle de l'objet, ou des objets, pluriels, multiples. Ce trait singularise ce siècle au regard de tous les autres siècles.

Maintenant, cette question : y a-t-il dans la foule anonyme des objets du siècle – qui le singularise dans la suite des siècles – *un* objet qui se singularise ? Y a-t-il un objet singulier qui singulariserait ce siècle des objets ?

L'objet

L'objet du siècle des objets ?

On pourrait, pour répondre, proposer la revue des objets du siècle, faire défiler les créations les plus étonnantes. Quoique fastidieux, l'exercice ne manquerait pas d'intérêt. D'ailleurs, dans la marée indéfiniment montante des objets de tous ordres, dans cette corne d'abondance débordante qu'est ce siècle, c'est une tentation constante d'élire un objet parmi tous les objets, de distinguer un objet *Un* dans l'océan des objets de ce temps de la reproductibilité hyperbolique. Honorer un objet tout seul dans la masse indistincte du Même. Appliquant ainsi aux objets industriels et communs la logique propre aux œuvres d'art, les musées, comme à

Beaubourg, s'y livrent parfois, qui viennent distinguer un mixer ou une cuillère à soupe qu'on nous présente fastueusement installés au creux d'un écrin comme s'il s'agissait à chaque fois de la dernière statuette de Michel-Ange. Pour un tel choix d'objet, une fois épuisée la litanie des raisons sociologiques, toujours courtes, on en vient finalement aux raisons esthétiques et au jugement de goût, toujours incertain. Le propre des œuvres d'art c'est justement qu'elles demandent d'être traitées au singulier, une par une et non ensemble, en une production homogène ; l'unité à l'œuvre dans l'Art c'est l'œuvre, quand l'unité de la création industrielle, c'est la série ; une + une + une, les œuvres de l'Art supposent et emportent donc une logique du pas-tout, d'un ensemble jamais fini ; l'Art est pas-tout, aussi, parler d'Art en général ce sera invoquer un ensemble non consistant constitué d'objets qui n'ont en commun que d'être chacun des singularités distinguables et distinguées.

Le problème de l'objet dans le siècle semble donc s'ordonner selon une dialectique du singulier et du pluriel. La réalité moderne d'une production industrielle de masse surabondante découvre le fait d'une multiplicité fondamentale de l'objet, qu'il est de sa nature d'objet d'être reproductible, divers et multiple. L'objet est essentiellement nombreux. D'un côté. Mais aussi, des objets comme les œuvres d'art exhibent une profonde singularité de l'objet : sans double, irreproductible, et irréductible à tout autre et à quoi que ce soit d'autre. L'objet est essentiellement unique. De l'autre côté.

Objet divers et unique, reproductible et irreproductible, tout ensemble. Essentielle multiplicité et unicité de l'objet. Maintenant, il ne suffit pas de dévoiler ces deux visages et de les dresser face à face ; il faudrait encore voir s'ils ne se croisent pas, si les objets multiples ne recouvrent pas l'Objet unique et singulier, et si l'Objet singulier et unique n'est pas au principe de la pluralité indéfinie des objets.

Ruine

Admettons qu'on entreprenne la revue de détails des objets remarquables, en quête de l'objet qui signerait ce siècle, au bout de ce compte – sautons tout de suite à l'essentiel – une fois déclinée la longue liste de tous les objets nouveaux et intéressants produits de la science contemporaine, de ses techniques, de l'imagination et du génie humain, on tombera finalement, inévitablement sur ceci : l'objet qui caractériserait vraiment le mieux le XXe siècle, c'est la ruine.

Inattendu, c'est pourtant un objet bien formé, conforme à une entente commune de l'objet – d'occuper un lieu dans l'espace, d'être produit, accessible par les sens, etc. – même si, en pratique, celui-ci se donne comme légèrement déstructuré. Et il serait difficile de contester que la ruine possède tous les titres en poche pour être érigée en monument du XXe siècle, si on veut bien accorder que le monde humain n'aura jamais connu par le passé une telle surproduction de destructions. Construire une ruine, nouvelle, moderne, en guise de monument, on peut remarquer que ce fut l'idée de l'architecte Albert Speer. En tout cas, s'il y a un sens à nommer le XXe siècle « siècle de l'objet », alors il y en a un à le nommer exactement « siècle des ruines ».

Le problème est qu'à l'instant où on lui décerne ce titre, aussitôt qu'on a dit que la ruine signe au plus juste ce siècle, exactement dans le même mouvement, cet énoncé historise le siècle, le généralise, le compare et en vérité le dissout dans la suite des siècles, de sorte qu'on ne peut même plus parler, d'une parole consistante, de la ruine comme de l'objet *du* siècle. Parce qu'on admettra aisément que, de la ruine, il s'en fabrique depuis des temps assez reculés, et qu'il y en a en vérité depuis que l'homme est homme, depuis exactement le moment où il a eu un peu de mémoire. La ruine est consubstantielle à l'homme comme être parlant, simplement, à sa faculté de marquer et de raconter son histoire. La ruine est certes un objet, mais pas pur ; c'est un objet parlant, c'est l'objet qui parle, comme Freud pouvait le dire des statuettes antiques qu'il collectionnait : « Les pierres parlent ! Elles m'entretiennent de pays lointains. » La ruine, c'est l'objet-en-tant-qu'il-parle, l'objet devenu bavard, et mangé par la parlote, réduit à l'état de trace, un signe. En ce sens, dire qu'il y a de la ruine revient aussi bien à dire qu'il y a du langage. Et, réciproquement, dire qu'il y a du langage, c'est déjà annoncer de la ruine.

Du coup, on a bien un objet spécial, mais, du coup aussi, cet objet spécial empêche précisément de singulariser le siècle dans la cohorte des siècles. Avec la ruine en tête, on ne peut pas dire *l'objet du siècle* « d'un seul souffle », pour parler comme Jean-Claude Milner[1].

S'il s'agit de singulariser le siècle par un objet, alors il faut se mettre en quête d'un objet qui serait comme tel non historisable, c'est-à-dire à la fois absolument nouveau et singulier, surgi spécifiquement dans ce siècle, et irreproductible, incomparable et sans double.

L'invention

Jean-Luc Godard, à qui la question de savoir ce qu'il y a de nouveau au XXe siècle n'est pas étrangère, se demande évidemment si ça a été le cinéma[2]. À quoi

1. C'est à quelques-uns de ses commentaires aigus et oraux sur *L'Objet du siècle* que j'adosse ici mes remarques.

2. Voir *Jean-Luc Godard par Jean-Luc Godard*, t. II, publié par Alain Bergala, Cahiers du cinéma, p. 307-308.

il répond plutôt que non. Le cinéma est une invention du XIXe siècle, pas seulement du point de vue de la chronologie, mais il est lié à la grande industrie, aux techniques de la reproductibilité [1] (il ne serait pas totalement absurde de se poser la question : et le divan ?). Quoi qu'il en soit, si ce n'est pas le cinéma, Godard conclut que, tout bien réfléchi, il n'y a qu'une seule chose qui peut être considérée vraiment comme la grande invention du XXe siècle : le massacre de masse. Voilà le fait.

Seulement, là encore, tout de suite on dira que le massacre de masse, d'une part on en a connu déjà, un peu moins de masse peut-être, avant, mais tout de même, et puis aussi que ça peut parfaitement se reproduire encore du pareil au même. C'est d'ailleurs tout ce qu'il y a de plus probable.

Alors, malgré la boucherie de la guerre de 14 où le siècle se baptise, ou la bombe atomique, technologie véritablement révolutionnaire, ou le Rwanda, ou Staline, ou le Kosovo, ou la guerre Iran-Irak, ou etc. on ne peut pas dire exactement que, comme tel, le massacre de masse signe le XXe siècle.

La véritable invention, c'est la shoah.

Sans doute est-ce aussi un massacre de masse, et malgré son ampleur, destruction pour destruction, on pourrait prétendre que c'est pareil. Sauf que ce n'est pas.

Je dirai un peu en quoi, sur quoi portent les enjeux, et pourquoi cela importe pour la pensée. Et ce que l'art et la psychanalyse viennent faire là-dedans.

1. Le cinéma, qui est le frère presque jumeau de la psychanalyse puisque les deux sont nés la même année 1895, est un art du capitalisme industriel ; songeant au fait que les premiers films des Lumière montraient une sortie d'usine ou une locomotive (la Machine majuscule), je me dis que le maître mot du cinéma qui est : Ça tourne ! était au fond absolument conforme au mot d'ordre du Maître moderne que Jacques-Alain Miller formulait naguère : Faut que ça tourne ! (discours du maître qui conditionne toute pensée du symptôme : comme ce qui ne tourne pas rond).

Nomination

S'agissant de la shoah, un premier trait doit justement se dire sans attendre, sur quoi la plupart du temps on passe sans y penser. Il convient en effet d'être attentif à ce fait que, si je parle de la shoah, quand, comme cela se dit aujourd'hui communément, j'emploie le mot « shoah » pour désigner ce qui a eu lieu il y a cinquante ans, j'implique déjà un objet, une œuvre d'art, spécifiée, un film, le film *Shoah* de Claude Lanzmann.

Ce film importe par ce qu'il est, par ce qu'il montre, et parce que, se nommant, il nomme.

Quiconque réfère à la shoah réfère, qu'il le veuille ou non, au film *Shoah*. Par le nom, en premier lieu. Il faut tout de même prêter attention à ce fait que la généralisation de l'emploi du nom de « shoah » – se substituant à ceux de *génocide* ou *holocauste* (ce nom, religieux, qui porte l'idée d'un sacrifice à quelques dieux obscurs, a d'ailleurs été très popularisé par une série télé US) – date de la sortie du film, en 1985. Il ne s'agit pas là d'une simple péripétie de langue, d'autant que ce nom, comme tout nom propre, est translinguistique et que, suivant la diffusion du film de pays en pays, il s'est imposé de par le monde.

Il s'agit de nomination.

Au frontispice du livre qui reproduit le texte intégral du film, Claude Lanzmann a inscrit cette phrase tirée d'Isaïe, 56, 5 : *Et je leur donnerai un nom impérissable*[1]. Ce film accomplit un acte. En place exactement d'une interprétation qu'il ne donne pas, et contre toute explication qui atténue le fait, ce film d'abord accomplit un acte, il donne un nom. Il nomme *Shoah* cela qui a eu lieu en Europe il y a cinquante ans. Le Nom. Nomination pure, Lanzmann dit d'ailleurs avoir choisi ce mot parce qu'il n'en comprenait pas le sens – il est d'ailleurs assez vraisem-

1. *Shoah*, Le Livre de poche, 1985, p. 15.

blable que la grande majorité de ceux qui l'emploient aujourd'hui sont dans ce cas, en quoi il agit bien en nom propre. Même s'il avait pu être déjà employé naguère, parmi d'autres, à propos de la « solution finale » – ce mot hébreux, non religieux, signifie *catastrophe, anéantissement, dévastation* –, le nom de « shoah » pour désigner la destruction des juifs a fait événement avec le film *Shoah.* Claude Lanzmann rapporte que des gens venaient parfois à lui en disant : « Ah, c'est vous l'auteur de la shoah ! » À quoi il répondait : « Non, l'auteur de la shoah c'est Hitler, moi je suis l'auteur de *Shoah.* »

Shoah est désormais le nom impérissable de l'innommable qui forme l'entraille de ce siècle.

Il faut aller plus loin. En somme, du nom à l'objet. Soit ceci : je dis que j'appelle shoah cela que montre le film *Shoah.* Et qu'il convient donc de nommer aujourd'hui shoah cela que montre une œuvre d'art nommée *Shoah* – et non, par exemple, ce que montrent *Nuit et brouillard* de Resnais, ce que George Stevens, entrant avec l'armée américaine, a filmé à Auschwitz et à Ravensbrück, ou *La Liste de Schindler* de Spielberg. Voilà un enjeu, dont le cadre pourrait se circonscrire ainsi : (1) en quoi une œuvre d'art montre en vérité ; (2) en quoi une œuvre d'art occupe une fonction majeure de transmission.

Autant dire que le film de Lanzmann, déjà en ce sens, n'est pas un document sur la shoah, comme on peut faire un film sur un fait passé : le nommant, montrant, et nommant ce qu'il montre, il est constituant du fait. Ce film est un acte fondateur.

En cela, et sans se fixer encore sur la singularité qui attache la shoah à cette œuvre, le film de Lanzmann élève au plus haut cette dimension qui définit l'œuvre d'art pour Walter Benjamin, de n'être pas insérée dans un temps qui l'enveloppe et lui donne son sens, mais d'engendrer elle-même un présent, un passé et un avenir. Évacuant l'idée faible de l'artiste témoin de son temps, il s'agit de penser que l'œuvre d'art instaure son Temps.

Ce qui inscrit donc l'orientation que je prétends suivre : défendre que la question de la shoah comme singularité du siècle implique immédiatement, fondamentalement, une œuvre d'art, tel le film de Lanzmann [1]. Et que la singularité de la shoah est celle-là même qu'on peut attribuer au film *Shoah*.

Irreprésentable

Or, de quels traits singuliers peut-on maintenant revêtir cet objet singulier qui singularise le siècle ? Le premier trait est singulier pour un objet, c'est qu'il est fondamentalement sans images et sans mots, sans traces – sans ruines. Irreprésentable. C'est cela exactement que montre le film de Claude Lanzmann – ce que, indépendamment de leurs qualités et du rôle que leur film, à divers titres, a pu jouer, ne montrent ni Resnais, ni Stevens, qui, lui, a filmé les charniers découverts en entrant dans Auschwitz : mais ces

1. Je ferais remarquer que, en deçà du caractère crucial de ce qui est en jeu, cela suppose une conception générale de l'œuvre d'art comme instrument de connaissance, et même comme modèle de connaissance en cela qu'elle suppose que l'universel ne se révèle que dans le singulier, et que la vérité ne surgit que dans un objet. L'œuvre d'art comme une sorte d'archétype de la vérité où celle-ci ne se donne que dans des œuvres singulières, c'est-à-dire donc multiples et non totalisables. C'est un peu comme ce que dit Proust dans *Le Temps retrouvé*, que Rembrandt ou Vermeer, qui nous donnent accès au monde, sont des multiplicateurs de mondes, et qu'il y a autant de mondes à notre disposition qu'il y a d'artistes originaux. En cela, donc, cette connaissance esthétique suppose que la vérité se donne dans une discontinuité originelle, essentielle, cela emporte l'idée d'une vérité pas toute. Et aussi l'idée d'une vérité qui se donne non pas à voir dans une œuvre, comme s'il s'agissait d'une levée des voiles sur un mystère, mais d'une vérité qui se révèle en révélant le mystère. La vérité comme révélation. Chaque œuvre d'art serait en cela une sorte d'épiphanie, mais une épiphanie du pas-tout. Épiphanie pas-toute du pas-tout de la vérité. À quoi s'ajoute la dimension d'un paradoxe temporel où, dans l'œuvre d'art, le temps s'ouvre dans la double dimension du nouveau absolu et de l'immémorial. Tout surgissement de vérité se donne ainsi dans l'expérience de la découverte et en même temps de la reconnaissance.

morts n'étaient pas ceux des chambres à gaz, la grande industrie nazie ne produit pas des charniers, mais des cendres, rien de visible. Elle fabriquait de l'absence. Irreprésentable.

Fait irreprésentable, on ne saurait rien voir de ce qui en fait le cœur ; fait encore « inexprimable », pour reprendre un terme de Wittgenstein sur quoi on reviendra. Ce qui a eu lieu ne peut être ni figuré, ni dit.

Cet impossible fixe l'exigence intime qui anime entièrement le film de Lanzmann : ce qui ne peut ni se voir ni se dire, le montrer et le dire – viser l'impossible, en tant qu'impossible.

La shoah ne saurait être l'objet d'aucune transposition, rien ne peut la représenter en elle-même, parce qu'il n'y a rien à représenter (sur cet impossible, Spielberg collera justement des images). C'est ce que montre *Shoah* qui, loin de se faire une loi de je ne sais quel interdit de la représentation, se fait un impératif seulement de ceci à quoi Claude Lanzmann s'est tenu avec rigueur et intransigeance : « regarder en face » – regarder en face cela que nul vivant n'a vu, et qui est irreprésentable, voilà ce qui oriente le film.

En cela, ce film, selon sa voie rigoureuse et singulière que lui impose son objet singulier, semble accomplir exactement l'œuvre que Lacan assigne à l'art, soit que « ce dont l'artiste nous livre l'accès, c'est la place de ce qui ne saurait se voir [1] » – ce qui vient fixer à l'art une sorte de tâche spécifique essentielle, diverse quant aux formes qu'elle peut prendre selon les temps, les doctrines et les artistes, mais que rien ni personne d'autre, pratiques ou discours, sciences ou philosophies, ne saurait remplir dans notre monde humain en dehors de lui : de donner accès à ce qui ne saurait se voir.

1. Jacques Lacan, « Maurice Merleau-Ponty », in *Les Temps modernes*, n° 184-185, 1961, p. 254.

Immémorial

La shoah est un événement qui ne peut pas se voir, qui ne peut se voir comme n'importe quel autre événement, qui ne peut pas non plus se dire comme n'importe quel autre événement. D'abord par l'absence effective de tout document et d'image, absence des archives sur quoi se fonde normalement le travail des historiens. Mais il faut être attentif au fait que cette absence n'a rien d'hasardeux, et qu'elle fut entièrement délibérée : autant qu'à organiser le crime, les nazis se sont souciés de l'Histoire, et ont veillé avec un soin extrême à ne laisser rien qui puisse faire trace, ni documents, ni photographies, ni ruines – bien entendu ils n'y sont pas parvenus entièrement, mais il faut songer qu'on donnait l'ordre de brûler certains bâtiments d'Auschwitz quelques heures à peine avant l'arrivée des troupes russes. En ce premier sens, l'événement échappe en partie à l'histoire et demeure non historisable intégralement.

L'unicité de la shoah ne procède pas simplement de l'ampleur du crime, de sa systématicité et du nombre surhumain des morts qui le rend inégal à tout autre, cette unicité s'attache à un fait dont on commence seulement à mesurer la profondeur et les conséquences : que les nazis ont fabriqué contre les juifs un crime immense comme déjà, de toujours et à jamais arraché aux pages de l'histoire, hors du siècle et du récit des siècles, hors de toute représentation et de toute mémoire possibles. Éradiquer les juifs non seulement de la surface de la terre mais encore de l'histoire, de la mémoire, du passé et de l'avenir, créer une humanité, aryenne, vierge de tout juif jusqu'au souvenir même de tout juif.

Irreprésentable et immémorial. Il se sera agi d'un acte qui recherchait non plus seulement, comme pour n'importe quel autre crime, à se dissimuler, mais à s'annuler lui-même comme acte, dans une sorte de projet médité de le forclore de toute mémoire possible. C'est ce que concentre ce petit discours d'accueil fait par un officier à l'arrivée des déportés juifs au camp, que rapporte Primo Levi : « De quelque façon que cette guerre finisse, nous l'avons déjà gagnée contre vous ; aucun d'entre vous ne restera pour porter témoignage, mais même si quelques-uns en réchappaient, le monde ne les croira pas. Peut-être y aura-t-il des soupçons, des discussions, des recherches faites par les historiens, mais il n'y aura pas de certitudes parce que nous détruirons les preuves en vous détruisant. Et même s'il devait subsister quelques preuves, et si quelques-uns d'entre vous devaient survivre, les gens diront que les faits que vous racontez sont trop monstrueux pour être crus. » Négation de la fonction même de Témoin.

Un événement hors du temps, hors du monde, hors de tout souvenir possible, hors même des têtes. Hors scène. Sans trace, nulle part. C'est là où Pierre Vidal-Naquet désigne la différence non de degré mais « de nature » entre les meurtres collectifs comme ceux commis par l'URSS et les chambres à gaz : celles-ci ne furent pas seulement un instrument industriel de la mort en série, « l'essentiel, écrit-il, est la négation du crime à l'intérieur du crime lui-même [1] ». En cela, donc, la « solution finale » était un crime produit comme incomparable, incommensurable à tout autre, non par son énormité, mais par le fait qu'il ne serait pas, qu'il fut conçu et réalisé comme incomparable et incommensurable – « solution finale », il était de sa nature d'être définitif et absolu, visant définitivement et absolument « la question juive » – on aura donné la « solution » à six millions de « questions ». « Négation du crime à l'intérieur du crime lui-même », ce trait distingue absolument la shoah.

Si le cœur du XXe siècle ne se résorbe pas dans l'histoire du XXe siècle, c'est encore que, dans son fond, il excède toute raison. Ce qui ne dit qu'il n'y ait pas un enchaînement de causes calculables, simplement que

1. Pierre Vidal-Naquet, « L'épreuve de l'historien : réflexions d'un généraliste », in *Au sujet de Shoah*, Belin, 1990, p. 205.

ce qu'on nomme la shoah est irréductible à un tel enchaînement. Comme une logique de guerre. Relever par exemple que la déportation des juifs hongrois (ils formeront plus d'un tiers du nombre total des morts de la shoah) a lieu très tard, en 1944, et que tous les moyens seront scrupuleusement mis en œuvre pour leur transport et leur extermination dans les camps, alors que le Reich était en état de défaite militaire, cela atteste combien la « guerre contre les juifs » est profondément disjointe de *la* Guerre, de son cours, de ses objectifs et de sa logique, elle est plus ou moins sans rapport avec elle – la « solution finale » n'est pas, en aucun sens, un « crime de guerre », elle serait plutôt, selon la formule de Jean-Claude Milner, « un crime de paix » au milieu de la guerre [1].

Cause

La connaissance toujours plus approfondie que nous avons de l'histoire de la shoah conduit en vérité toujours plus à disjoindre ce fait de toute causalité, historique, psychologique ou autre (le savoir analytique s'avère ici aussi impuissant que les autres). Un fait pur. Aussi faut-il faire place à ce qui est moins une idée qu'un fait, irréductible, que rien ne saurait rendre raison de ce crime, en prendre la mesure, et en tirer toutes les conséquences. Que la shoah serait à elle-même une cause, sa cause. Que la shoah est une cause dans le siècle, qu'elle est désormais « un réel qui fait horizon du sujet contemporain [2] ». Voilà le point.

Non impuissance mais impossibilité de la pensée. Cela appelle une autre orientation de la pensée que son retrait et son silence. Au contraire cela réclame qu'elle pense plus encore, justement, parce que,

1. Voir Jean-Claude Milner, « Les dénis », in *Paroles à la bouche du présent*, Marseille, Éditions Al Dante, 1997, p. 73-83.
2. Yves Depelsenaire, « La psychanalyse et la *Shoah* », in *Zigzag*, n° 8, mai 1998, p. 72.

comme le disait Jankélévitch, ce crime insondable exige une méditation inépuisable, et que ce serait ainsi rendre les armes aux nazis eux-mêmes que d'éteindre toute pensée. Reste que le cahier des charges est extrêmement sélectif, puisque, avec la shoah, un appel est lancé à faire place dans la pensée même à un impensable. Ce casse-tête, il me semble que seul Lacan, qui en aura fait une cause pour la psychanalyse, aura véritablement tenté de le résoudre, avec quelques artistes.

Pour l'instant, je veux souligner spécialement ceci, que l'impossibilité d'expliquer jusqu'au bout, de résoudre le « pourquoi » ouvre à cette exigence de veiller au « comment », de mettre au jour l'organisation du crime dans tous ses aspects et son plus infime détail, de dire ainsi seulement : cela a eu lieu. Et de le redire incessamment. Parce que, en un sens, le plus qu'il est possible de dire sur la shoah, c'est justement : « Ça a eu lieu. » Ce qui donne aux témoins une fonction essentielle, et fait de la transmission du témoignage une question essentielle. Importance du Témoin, de l'au-moins-un qui dit et pourra dire encore, demain, plus tard : « Cela a eu lieu. » Si la voix du Témoin cesse, c'est avec elle la vérité qui entrera dans le silence.

Montrer

Alors, deux remarques, ou deux tours pour serrer un peu plus l'écrou. D'une part, le point irréductible à toute interprétation, à toute explication, à toute logique, ce réel hors raison on peut le désigner exactement : ce sont les chambres à gaz, et non « les camps » ou autre chose ; aussi il importe aujourd'hui de parler juste et de nommer « les chambres à gaz » et non simplement « les camps » ou autre chose. Les chambres à gaz sont le point exact de l'innommable et de l'irreprésentable : là est le lieu de la shoah. Ensuite, seconde remarque, l'innommable et l'irreprésentable des chambres à gaz, c'est cela exactement que montre le film de Lanzmann.

Parce qu'il faut que cela soit montré.

Événement immémorial, conçu et accompli hors histoire, sans témoin, sans image, effacé d'emblée, acte non advenu à l'instant même où on le commettait et dont l'horreur même excède ce qui peut se voir et se dire. Irreprésentable, il ne cesse pas de ne pas s'écrire.

Ici vient l'art.

Tableau

Si l'art a charge de montrer ce qui ne saurait se voir, on peut donc envisager que du cœur du tragique de la shoah se lève ainsi un problème qu'on pourrait qualifier à la fois d'esthétique et d'éthique.

En premier lieu, cela pose une question sur le rapport entre un fait d'histoire et l'histoire de la représentation. Je n'en dirai ici qu'un mot. Je pense en particulier à cet aspect trop peu scruté qui est l'idée renaissante, nommément albertienne du tableau comme fenêtre, une fois précisé que, dans son traité de peinture, le *De Pictura* de 1435 – traité considérable, fondateur de la perspective géométrale – Alberti parle du tableau comme fenêtre ouverte sur ce qu'il nomme l'*historia* (en général, soit on néglige ce trait, soit on le relève mais sans l'éclairer, uniquement pour souligner un supposé contresens qu'on ferait de parler plus volontiers du tableau comme fenêtre ouverte « sur le monde »). L'*historia* est un concept majeur du *De Pictura* d'Alberti. Ce n'est pas exactement l'histoire, ou l'anecdote ou le sujet du tableau, c'est en un sens, comme le dit Jean-Louis Schefer, qui a traduit le *Traité* d'Alberti, « l'objet même de la peinture », ce qu'on pourrait définir comme « ce qui peut faire l'objet d'une narration ou d'une description[1] ».

1. Alberti, *De Pictura*, Macula, 1992, note p. 115.

Ce que je veux souligner, c'est que ce qu'Alberti nomme « tableau », cette fenêtre, avec sa fonction de découpe, de cadrage, non seulement c'est sur l'*historia* qu'elle s'ouvre, mais elle est précisément ce qui tout simplement permet qu'il y ait de l'*historia*. La fenêtre, c'est la condition qu'il y ait quelque chose qui puisse se raconter et se décrire. Autrement dit, le tableau albertien, le tableau perspectif qui fait du monde une scène, une boîte perspective, procède à l'instauration de ce qui peut se narrer et se décrire de ce qui se passe sur la scène du monde, il est la condition de l'histoire. La fenêtre ouverte sur *l'historia*, c'est une fenêtre qui cadre le temps, elle constitue quelque chose comme « l'épisode », une unité élémentaire de l'histoire. Comme Lacan pouvait parler de la fenêtre du fantasme, il y aurait un sens à parler de la fenêtre de l'histoire. L'histoire suppose l'instauration d'un cadre, elle suppose un théâtre du monde ; il faut cette scène et ce cadre de scène pour qu'il y ait histoire, pour que quelque chose ait eu lieu sur la scène du monde qui puisse se représenter, pour que le monde soit le lieu d'une histoire.

De ce point de vue, l'Annonciation, dont la Renaissance italienne privilégie le thème, en donnant une figuration multiple et constante, devient le thème homogène, presque isomorphe au tableau comme tel[1], à savoir que cet épisode du récit des Évangiles qui, selon la formule de Saint-Bernardin de Sienne, célèbre prédicateur de la Renaissance, marque l'entrée de l'invisible dans le visible et de l'éternité dans le temps, raconte ainsi la naissance de l'histoire, de l'histoire chrétienne qui, dans l'Incarnation, dans le corps humain du Christ, noue ce qui peut se dire et ce qui peut se voir dans une religion désormais de l'image. L'histoire chrétienne, entée sur la Passion, suppose et emporte une passion de l'image.

1. Je renvoie à la lecture de l'important livre que Daniel Arasse vient de publier sur ce thème, *L'Annonciation italienne*, Hazan, 1999.

Si le christianisme a fixé les conditions et la nécessité de l'Image – ce qui aura décidé de toute l'histoire de la peinture occidentale – on voit alors tout de suite que le tableau pose un léger problème dans notre fin de XXe siècle, dès lors que ce qui vient marquer ce temps c'est que quelque chose a eu lieu qui n'est pas une incarnation, qui est irreprésentable. Comment faire alors tableau de ce qui est sans image, de ce qui ne peut ni se raconter ni se décrire ? – un point comme un creux de l'histoire, qui ne ferait pas *historia*.

Malevitch

La peinture abstraite, par exemple, aura proposé, dans les débuts de ce siècle, une voie de réponse à un certain irreprésentable. On remarque tout de suite, aux avant-postes de la modernité, en quoi l'abstraction attaque directement ce point : si le tableau demeure, il s'agira, par exemple chez Malevitch, de faire tableau de rien, ce qui vient d'un coup soustraire la peinture à l'image et au sens. C'était d'une certaine façon déjà une tentative de faire tableau de ce qui ne peut ni se raconter ni se décrire. Paradoxe d'une peinture abstraite qui fait tableau d'un hors histoire (d'ailleurs, certains penseront qu'il ne peut justement y avoir de peinture que figurative), cela ne signifie sûrement pas, comme certains aujourd'hui veulent le faire croire, qu'en s'éloignant du visible, elle se détourne du réel : elle le vise au contraire au cœur. C'est très curieux que certains aient pu penser que la tendance de fond de l'art du siècle aurait été, en s'éloignant de la figure dans l'abstraction, mais déjà dans l'impressionnisme, puis dans d'autres formes, de s'éloigner ainsi de la réalité, au sens de lui tourner le dos. J'aurais tendance à penser que loin de tourner le dos, tout ce mouvement de l'art qui tend à s'arracher à l'imaginaire (et donc y compris à la beauté, aux appâts du visible), on pourrait le qualifier de « Retour vers le réel ». L'idée est que c'est la modernité qui est, d'emblée, marquée par une perte d'image, une déflation imaginaire, du sens et de l'image (dans l'art – parce que, ce qui est lié, elle explose et dégouline partout ailleurs, et surtout à la télé). Si on peut voir, à l'origine, en Manet ou en Cézanne les grands artistes de la déflation, qui ont consommé la perte du sens en peinture, mettant fin au règne millénaire de l'image symbolique, je mettrais volontiers Freud et la psychanalyse au rang de ces initiateurs de la déflation imaginaire.

C'est pour toutes ces raisons que je mets spécialement en exergue l'œuvre inaugurale de Malevitch et celle de Duchamp, le *Carré noir sur fond blanc* et la *Roue de bicyclette.* Non seulement ces deux œuvres, contemporaines, marquent le siècle tout entier en naissant au début historique de ce siècle, non seulement elles le marquent en donnant du grain à moudre théorique pour tout le siècle, mais d'emblée, le problème se pose de leur reproductibilité. La roue de bicyclette est apparemment reproductible, presque par définition ; quant au *Carré noir sur fond blanc*, Malevitch l'a lui-même reproduit, et on en a plusieurs versions. Or, d'une part, il ne l'a jamais reproduit à l'identique, il y a des différences visibles, mais il a en outre poussé les choses très loin, jusqu'à poser une sorte de problème qui n'aura pas échappé à un esprit aussi affûté et averti que celui de Denys Riout, auteur d'un beau livre sur le monochrome. C'est que, si les divers *Carré noir sur fond blanc* peints par Malevitch, en gros, se ressemblent, entre le premier, de 1915, qui est à la Galerie Tretiakov de Moscou, et celui de 1924, qui est à Saint-Pétersbourg, se glisse une différence, insidieuse mais radicale, de nature. Malevitch a dit en effet du *Carré noir* de 1924 qu'il était la « reproduction » du tableau de 1915, du *Carré noir sur fond blanc* de 1915, ce qui signifie donc que le tableau de 1924 est un tableau non pas du tout abstrait, mais totalement figuratif : il représente un tableau représentant un carré noir sur un fond blanc... Il répond donc parfaitement au réquisit de la mimésis, constituant le double, l'image d'un tableau qui se donnait précisément lui-même comme sans image et sans objet...

De ce tableau de 1915 – « pratiquement rien de plus qu'un carré noir sur fond blanc » – Malevitch disait : « Ce n'était pas un simple carré vide que j'avais exposé, mais plutôt l'expérience de l'absence d'objet [1]. »

En un sens, l'entreprise de Malevitch consiste dans le projet de faire tableau de l'absence d'objet – il s'agit d'approcher de ça puisque cela revient à produire un objet qui viendrait en somme présentifier l'absence même d'objet.

Mais, du coup, en cela, rien qu'en cela, on ne peut plus dire de ce tableau qu'il est sans rien. Il ne s'agit pas de faire le malin, de finasser en prétendant qu'il n'y a pas rien puisqu'il y a de la peinture dessus. Le jeu est plus serré et sérieux. Une pliure fine, essentielle et de grande conséquence. Ce tableau n'est pas un tableau sans rien, mais un tableau *avec* le rien. Pas un tableau d'où serait absent quelque objet que ce soit, mais un tableau où c'est l'absence elle-même qui se peint.

Peindre l'absence, projet délibéré du peintre. Le *Carré noir*, c'est une absence d'objet, comment dire, incarnée. *C'est* cette absence. Ce tableau ouvre en cela sur une ontologie négative, ontologie de l'absence et du manque.

L'absence ici n'est pas à entendre comme « sujet » de la toile, comme si le carré noir était une image ou un symbole mis là pour figurer, signaler ou signifier l'absence. Le carré, c'est de la peinture, il est là, Malevitch le dit lui-même, pour confronter à « l'expérience de l'absence ». Pas un symbole donc, pas exactement une image, il est une absence, réelle, opaque, épaisse, on aurait envie de dire « palpable ». Malevitch donne forme à l'absence. L'absence d'objet en tant que telle. L'absence peinte. La peinture donne épaisseur à l'absence. Il est frappant bien sûr de noter ici le voisinage de cette question chez Malevitch, avec les tableaux

1. Cité par Alfred H. Barr, *Cubism an Abstract Art*, New York, Arno Press, 1966, p. 122-123.

tressés de Rouan auxquels Lacan s'est intéressé, et qui, suivant l'expression de Hubert Damisch, sont des tableaux qui exhibent ce paradoxe de l'épaisseur du plan.

Malevitch ne peint pas rien, il peint *le* rien. Ni image, ni symbole, le rien figure ici lui-même, en personne, matériellement, en objet. Objet certes subtil, mais objet tout de même.

Pourquoi ne pas dire que l'absence serait, chez Malevitch, strictement, « l'objet » peint ? Pas représenté, peint, tout simplement. Une « présenti-fication » de l'absence, pour reprendre la notion à Jean-Pierre Vernant qui décrit ainsi les *xoana*, idoles grecques archaïques, sans forme et sans image, vagues bouts de bois capables justement d'« évoquer l'absence dans la présence, l'ailleurs dans ce qui est sous les yeux [1] ». *Carré noir sur fond blanc* serait un genre de *xoanon* qui « établit avec l'au-delà un contact réel », étant entendu que dans la version matérialiste, l'au-delà ne désigne rien d'autre que la chose la plus réelle, la plus lourde et la plus certaine qui soit, qu'est l'absence.

Le *Carré* noir est un objet qui opère une mise en présence du manque d'objet. Voilà le pli.

En cela, il me semble que le tableau de Malevitch constitue comme le pendant moderne du tableau selon Alberti. Le tableau de Malevitch serait, lui, une sorte de fenêtre ouverte pour regarder l'absence d'objet, et, par là, l'absence d'histoire [2].

1. J.-P. Vernant, « De la présentification de l'invisible à l'imitation des apparences », in *Image et signification*, La Documentation française, 1983.

2. Je serais sur ce point assez benjaminien, parce que, préoccupé par la question du rapport des œuvres d'art à la réalité historique, Benjamin conclut qu'il n'y a pas d'histoire de l'art et que l'œuvre d'art est essentiellement a-historique. « En ce sens, dit-il, les œuvres d'art ressemblent aux systèmes philosophiques [...]. L'historicité spécifique des œuvres d'art ne se manifeste pas dans l'"histoire de l'art", mais dans leur interprétation. Celle-ci fait apparaître entre les œuvres des corrélations qui, tout en étant soustraites au temps, n'en sont pas pour autant dépourvues de pertinence historique. » (W. Benjamin, Lettre, 1923, cité par Stéphane Mosès, *L'Ange de l'histoire*, Le Seuil, 1992, p. 123. Walter Benjamin est en train d'écrire l'*Origine du drame baroque allemand*.)

J'ai parlé de la déflation imaginaire comme ce qui signerait la modernité. Sortir l'objet de l'image, extraire l'objet de toute relation de double, c'est je crois ce à quoi l'art du XXe siècle s'est consacré, à quoi encore il se consacre. En quoi, il me semble, cet art est contemporain de Lacan. Ou en quoi l'objet *a* de Lacan est le contemporain de cet art du XXe siècle qui se singularise de cadrer l'objet comme singularité absolue, sans double et sans image.

On mesure alors l'ampleur que prennent ces questions dans l'art aujourd'hui, si on admet le fait que, qu'on le veuille ou non, la shoah a affecté en son fond l'ordre de la représentation, constituant, à quelque degré que ce soit, une sorte de référent dernier de tout ce qui se produit dans le visible aujourd'hui. De sorte qu'il faudrait dire que le référent dernier de toute représentation et de toutes les images aujourd'hui c'est l'absence d'image de la shoah.

La question serait : qu'est-ce que ça montre de notre monde un art qui passe son temps à faire sauter le caisson de l'image ?

Wittgenstein

Suivant la théorie albertienne, il faudrait poser uniment que, comme la shoah ne fait pas histoire, la shoah ne fait pas tableau. Et, en conséquence, qu'à l'inverse, toute tentation ou tentative de représenter le cœur de la shoah, quelle que soit la façon, est une tentative de faire tableau de la shoah, tentation de l'historiser, autant dire une manière de l'éloigner, de la réduire, de la dissoudre. On peut comprendre que, dans la seconde moitié du XXe siècle, le tableau puisse s'avérer une forme problématique, en un temps où tout le visible s'ordonne à partir d'un référent irreprésentable. Si l'enjeu pour des peintres, par exemple François Rouan, peut être, par les voies mêmes de la peinture, de faire tableau de ce qui ne saurait faire tableau, sans doute ne faut-il pas s'étonner que l'art contemporain suive des voies diverses qui cherchent le plus souvent à s'émanciper de la forme tableau.

Il y aurait au fond deux principes, opposés, à partir desquels on pourrait distribuer et ordonner toute l'histoire de l'art. Selon Alberti, selon Wittgenstein. D'un côté, la définition albertienne du tableau comme fenêtre ouverte sur l'*historia* énonce une équation essentielle, fondamentale, qui règle un ordre, possible, de la représentation : que tout ce qui peut se dire peut se voir, et réciproquement. Visible et discible se recouvrent ici exactement. Du coup, si on considère ce qui anime nos temps modernes, on pourrait dire qu'il revient alors à Wittgenstein d'avoir donné la formule qui fait pendant à celle d'Alberti (l'une et l'autre étant historiquement datées, du XXe siècle ou du Quattrocento, il va de soi que leur empan est universel et que, par exemple, l'idée d'un recouvrement de ce qui se voit et de ce qui se dit anime encore tout un pan de la production artistique actuelle), soit la proposition 6.522 du *Tractatus*, à quoi j'ai fait déjà indirectement allusion : « Il y a assurément de l'inexprimable. Celui-ci se *montre*[1]. »

Croisement de *ce qui peut se dire* avec *ce qui se voit* et de *l'impossible à dire* avec *ce qui se montre* où, terme à terme, viennent s'opposer le possible et l'impossible à dire, ce qui se voit et ce qui se montre.

Je remarque qu'à partir de la proposition wittgenstanienne qui énonce en substance que ce qui ne peut se dire resurgit ailleurs, on pourrait aller droit à une formule du genre : ce qui ne se résorbe pas dans le langage fait retour dans le visible, sorte d'approximation de l'hallucination visuelle (ce qui ne veut pas dire visible).

Du coup, deux choses se distinguent : 1. que « l'inexprimable » de la shoah a donc destin forcément de faire retour dans le visible, de venir « hanter » ce visible d'une présence fantomale, mais aussi que, par

1. Wittgenstein, *Tractatus logico-philosophicus*, Gallimard, 1961, p. 175.

là, 2. cela même assigne à l'art une charge impérative : être le lieu où ce qui ne saurait ni se dire ni se voir vient se montrer. En ce sens, dès lors, bien loin de devoir s'interroger sur la possibilité de l'art après Auschwitz, comme le fit jadis Adorno (avec, à l'époque, quelques raisons), il faudrait au contraire prendre la dimension de quelque chose comme la nécessité de l'art après Auschwitz – l'art non comme le lieu d'une consolation, d'un oubli ou d'une trahison, mais au contraire comme ce lieu où l'irreprésentable viendrait à se montrer.

Aussi, par exemple, quand Walter De Maria fore un trou de trois cents mètres dans une colline à Munich, cette œuvre d'art, un peu bizarre au regard de ce qu'on entend traditionnellement par « œuvre d'art », est une œuvre non seulement du XXe siècle (ça ce n'est pas trop compliqué à soutenir) mais qui, en un sens, montre le XXe siècle, un bout du XXe, son cœur absent. Tout l'art du XXe siècle vient en un sens ici parce que c'est en un sens tout cet art qui tend à la singularité absolue, à produire des œuvres irreproductibles, sans double, sans image. Des *unicum*.

C'est un fait que l'histoire de l'art de ce siècle tourne autour du trou de l'histoire de ce siècle, qui l'aspire et l'anime. L'art semble, dans ses courants profonds, entraîné par cette dépression centrale, un manque-à-voir qui retend tout le visible.

Regard

Donc, deux choses. Toute tentative d'historiser la shoah est, strictement, entreprise d'effacement de la shoah. Au contraire de ce que croient ceux qui y prétendent, c'est risquer de la faire sortir de la mémoire, de l'histoire des sujets, parce que ce fait est un fait hors histoire. On pourrait dire ainsi que la shoah réclame la mémoire et les témoins non pour l'écrire, mais précisément parce que cela ne cesse pas de ne pas s'écrire.

La seconde chose, qui est liée, est donc que cette historisation procède de la représentation. Faire une fiction d'images, un film sur la shoah, comme Benigni ou Spielberg, historise la shoah. De tels films installent ainsi la shoah dans un avant et un après, ce qui suppose la distance, l'éloignement, le côté « la vie continue... » (quand le film de Lanzmann se tient dans le présent, il installe dans le présent le présent immémorial de la shoah). Ça oublie, et ça trahit parce que toute image mitige l'horreur. C'est-à-dire donne une image, une forme à ce qui est au-delà de toute image, de ce qui a été voulu sans image, de ce qui a été conçu délibérément contre l'image, un attentat contre la figure humaine. En ce sens, le problème que pose le fait de faire un film, une fiction sur Auschwitz, qui montre Auschwitz, ce n'est pas de commettre un acte profanatoire, c'est d'abord que cela « humanise » l'horreur et, au terme, qu'en vérité, on œuvre ainsi, en parfaite innocence, à faire entrer Auschwitz dans le patrimoine culturel de l'humanité. Abjection. D'autre part, une telle entreprise va simplement au contraire de l'effet recherché : au moment où on croit qu'on montre enfin les chambres à gaz, qu'on permet ainsi de « sensibiliser » les populations et de leur rafraîchir la mémoire, en vérité l'image dissimule et fait oublier. Toute représentation, en même temps qu'elle prétend porter le souvenir fait tomber un rideau, elle est l'adresse d'un éternel adieu à ce qui fut. Ainsi va l'histoire. Un film sur les camps est une autorisation donnée à oublier. En ce sens, l'histoire est consentement social à l'oubli, ce qui pousse à répéter le dérisoire « Plus jamais ça ! » comme une formule magique. Mémoire et histoire marchent ici à contresens l'une de l'autre.

La question serait alors : comment montrer ce qui excède toute image, comment faire voir un attentat contre l'image, comment exposer ce qui fait imploser l'histoire, comment faire œuvre, sans transposition ni oubli ? Je crois l'art de la fin de ce siècle travaillé par cette question. Et que le film de Lanzmann occupe là une position essentielle qui résonne de toutes les productions visuelles actuelles.

Shoah n'est pas un film sur la shoah, il est l'œuvre de ceux qui ont été poussés dans les chambres à gaz, il dresse devant nous le regard de ceux qui n'ont pas survécu. Melville disait dans *Moby Dick* que le livre est le moyen qu'ont les morts de s'adresser aux vivants, *Shoah* est alors le moyen qu'ont les morts de se montrer aux vivants. Ce film est l'œuvre des morts, des hommes, des enfants et des femmes gazés : de ceux qui, au centre de l'horreur, n'ont rien vu. Pour voir, il faut de la distance. Et si je dis que ce film est le regard des morts, ce n'est pas pour faire du style, de la littérature. C'est, matériellement, ce que ce film, obstinément, cherche à être, au plus près : saisir le regard des morts des chambres à gaz, ce que les vivants n'ont pas pu voir. En ce sens, tout au contraire de ce que prétend Godard et de son amour très chrétien des images, le film de Lanzmann ne prône pas un interdit de la représentation, il est au contraire l'œuvre qui va au plus loin dans ce qu'il est possible de montrer, qui se tient au plus près de ce qu'aucun regard n'a pu soutenir. Ce qu'il montre, c'est le regard lui-même. On pourrait dire de *Shoah* ce que dit Jochen Gerz de son propre travail[1] : l'œuvre n'est plus dans l'œuvre, elle est tout entière dans le regard. *Shoah* est l'œuvre visuelle la plus audacieuse, visuellement, sur la shoah. En ce sens, loin de faire une valeur de la raréfaction, ce film va au plus près du visible, au bord, ce bord, cet « au plus près » venant dans le fait que les témoins principaux sont les rescapés des *Sonderkommandos*, qui s'occupaient de charger et décharger les chambres à gaz, ou les officiers nazis qui avaient la gestion directe des crématoires. Il faut faire cesser ces stupidités qu'on déverse là-dessus. *Shoah*, c'est un film qui

1. Artiste très important, encore trop mal connu en France, il est, entre autres, l'auteur d'un *Monument invisible*, construit à Sarrebruck. J'ai commenté cette œuvre dans *L'Objet du siècle*, Verdier, 1998.

filme les entrailles de la shoah. Alors que Lanzmann n'utilise aucune archive cinématographique, aucune des images comme celles filmées par George Stevens, image couleur en seize mm des charniers découverts par l'armée américaine entrant à Auschwitz et à Ravensbrück, les images de ce film sont plus vraies et je dirais plus réelles sur les chambres à gaz que toutes les scènes reconstituées de Spielberg ou Benigni. Voilà ce qu'il faut dire, que, contrairement à ce qu'on voudrait faire croire, Lanzmann filme mieux, il en montre beaucoup plus que tous les autres. Ce qui n'aura pas échappé à Duras qui essaye vainement d'en convaincre Godard dans la conversation publiée [1]. *Shoah*, c'est ce film qui montre les chambres à gaz. Vraiment. On ne voit rien ? Précisément : c'était ainsi, on ne voyait rien. Et qui aurait pu voir ça ? Pas les victimes qui étaient entassées dedans. Pas non plus ceux qui étaient dehors. Et de toute façon ça se passait dans le noir. Personne ne pouvait voir ça. Personne n'a rien vu.

Comment montrer *ça* qui n'a pas d'image et que personne n'a vu ?

o.p.a.

L'art, sous diverses formes, dans des œuvres, donne réponse à cette question. Que Lacan a donné, en un sens, et dans le même sens que l'art, une réponse du discours analytique, c'est ce que je voudrais simplement indiquer pour finir.

Je livrerai juste la description de la fabrication d'un certain objet :

« Dans une chambre tout à fait obscure, les surréalistes viennent périodiquement apporter des objets inventés ou existants dont le choix devra comporter le maximum d'étrangeté et de bizarrerie. Quand le nombre de ces objets sera jugé suffisant, un surréaliste

1. Voir *Jean-Luc Godard par Jean-Luc Godard*, *op. cit.*, t. II.

n'étant pas encore intervenu dans leur recherche, sera enfermé dans la chambre et, toujours dans l'obscurité, il ira instinctivement [...] vers l'objet à choisir.

« Alors, plusieurs techniciens, toujours dans l'obscurité, à tour de rôle, décriront oralement, d'après le toucher, les divers éléments de l'objet. Ces descriptions extrêmement détaillées serviront à d'autres techniciens pour reconstruire, d'après elles, séparément, les diverses parties de l'objet de façon qu'en aucun moment nul ne puisse avoir une notion approximative de l'aspect de l'objet décrit, ni de celui qui est en train de se vérifier. Les diverses parties de l'objet seront ensuite montées par plusieurs techniciens qui, cette fois, effectueront cette opération de manière purement automatique et toujours dans l'obscurité.

« [...] On aura eu, au préalable, la précaution de laisser tomber l'objet de dix mètres, sur un petit tas de foin, juste situé dans le champ visuel de l'appareil [...] La démolition problématique, totale ou partielle, de l'objet l'enrichira encore copieusement de représentations affectives (sadomasochistes, etc.).

« [...] La photo [...] une fois obtenue, sera immédiatement enfermée sans que personne n'ait pu la voir, à l'intérieur d'une boîte de métal creux. Ainsi sera assurée sa conservation et celle aussi d'un peu de foin qu'on y aura ajouté (l'objet original et l'objet qu'on vient de photographier auront été soigneusement détruits et leurs moindres débris volontairement perdus avant cette opération). Enfin, le cube de métal contenant la photo sera plongé dans une masse indéterminée de fer en fusion qui, en se solidifiant, l'englobera.

« Ce morceau informe de fer fondu, d'un poids et d'un volume quelconque sera l'objet type "*psycho-atmosphérique-anamorphique*"[1]. »

1. Dalí, « L'objet psycho-atmosphérique-anamorphique », in *Oui, La Révolution paranoïaque-critique*, t. II, Denoël, 1979, p. 203-205.

Objet perdu sans image, ne voit-on pas une certaine ressemblance entre cet o.p.a.a., « objet psycho-atmosphérique-anamorphique » de Dalí et l'o.p.a., « l'objet petit *a* », « petit tas » de Lacan ? En scrutant avec attention ses détails, vous pourriez, j'en suis sûr, reconnaître en lui son portrait craché.

De là, une dernière chose qu'il me semble nécessaire de conclure. C'est que Lacan, en inscrivant l'objet *a*, a inscrit dans le discours analytique ce qui, avec l'accès donné à ce qu'on peut nommer « l'horreur », répond au casse-tête dont je parlai et qui aura laissé la philosophie de l'après-guerre sur le carreau, de savoir, dans des termes parallèles à ceux de Saint-Bernardin, comment faire entrer l'impensable dans la pensée, l'irreprésentable dans la représentation, l'absence dans la présence, etc.

L'objet *a*, c'est la réponse.

a, c'est le nom réduit à la lettre, à l'initial, de l'irreprésentable dans la représentation, de l'impensable dans la pensée, de l'absence dans la présence, etc.

a est une réponse sans Freud, que la date de sa mort, en septembre 1939, laisse de toute façon au seuil de ce qui est pour nous, aujourd'hui, le XXe siècle.

a, une petite lettre par quoi Lacan a, dans la psychanalyse, inscrit que l'irreprésentable, que l'impensable a eu lieu dans ce siècle. Donc que le XXe siècle a eu lieu.

Que *a* est l'objet de l'art du XXe siècle et que le lacanisme, qu'on aurait quelques raisons de nommer Psychanalyse du XXe siècle, marche aux côtés de l'art du XXe siècle, voilà ce qui m'aura conduit.

JACQUES AUBERT

D'UN JOYCE À L'AUTRE[1]

De prime abord, tout semble indiquer qu'il y aurait plusieurs Joyce. Tout : ce que les biographes détaillent, la diversité des œuvres, leur séquence, leur complexité croissante, les crises ou les événements personnels de son existence. Reste la difficulté à dégager la « raison », au sens mathématique du terme, chiffrant le passage de l'un à l'autre. C'est un bout de cet os que je m'étais mis à grignoter jadis, sans plus, en attendant que Lacan finisse en mangeant le morceau. Alors ? *So what* ? Un, deux points d'interrogation viennent donc s'ajouter à mon titre, en grain de sel. Lacan est allé à l'essentiel, mais on peut encore travailler à partir de là sur certains moments, certaines inflexions de l'écriture de Joyce, en particulier ce moment où il achève *Dubliners* et décide de récrire *A Portrait of the Artist as a Young Man*.

Je m'appuierai pour ce faire sur un trait, qui contrevient à la première notion d'une diversité, mais qui s'est imposé de mon expérience des textes de Joyce : c'est qu'on ne les prend jamais assez littéralement. Que le mode de la lettre se développe, s'épanouit dans *Finnegans Wake*, et même commence à se repérer dès *Ulysses*, est patent. Mais il est plus troublant d'en percevoir, et plus utile d'en repérer, les prémices bien

1. Cette intervention s'inspire d'un travail de recherche en cours.

avant, fût-ce dans des textes de rebut, à prendre sous l'angle du rébus : plus précisément, qu'il s'agit de la littéralité du nom, d'un nom, de sa *motérialité.*

Par textes de rebut, j'entends certains que Joyce n'a pas souhaité, ou n'a pas pu, publier, ou a laissé tomber de son canon. Je ne les prendrai pas tous, et d'ailleurs me contenterai de piocher dans ceux qui m'ont paru les plus, les mieux déployés : les trois conférences ou articles, *Drama and Life* (1900), *Ibsen's New Drama* (1900), *James Clarence Mangan* (1902) ; et les premiers écrits autobiographiques, *Portrait of the Artist* (1904), *Stephen Hero* qui lui fait suite. Pour faire bonne mesure, j'y ajoute un peu de *Dubliners*, que Joyce peina à ramasser, et dont l'achèvement en 1907 fit ponctuation, et signe son acte réel.

Mais revenons à la méthode que j'ai tenté d'appliquer : tâcher de lire ces textes le moins possible du point de vue de la signification, en y repérant des effets de signifiant, dans une collimation du sens. Pour commencer, je retiendrai deux signifiants qui s'imposent à lui avec insistance, et auxquels il répond : le drame et la paralysie.

Penser l'en deçà de la poétique

Joyce était-il assez poète ? On peut se le demander. Il avait commencé tôt, avec ses poèmes de *Chamber Music* bien sûr, mais y ajoutant de la pensée : « Il avait *interprété* [...] la doctrine *vivante* de la *Poétique.* » On peut dire déjà qu'il n'était pas trop sûr de savoir ce que c'était que d'être poète, mais que cela lui importait au plus haut point. Il avait donc éprouvé le besoin d'introduire un peu de vie dans la *doxa* par son interprétation, par son truchement : il s'est mis tout entier dans la *poétique,* hors incarnation, *hors identification.* Son intervention prend la forme de deux textes centrés sur la notion de dramatique (*Drama and Life, Ibsen's New Drama*), dont la substance du premier sera reprise et présentée dans *Stephen Hero* sous un autre titre. Dans *Portrait of the Artist as a Young Man*, le dramatique est, des trois formes d'art, la plus haute à son sens.

Son abord est historique et surtout anthropologique : « La société est l'incarnation de lois universelles et immuables qu'impliquent et enveloppent les caprices des hommes, leurs coutumes particulières et les diverses circonstances de leur vie. » Par opposition, « le domaine de la littérature [...] est celui de ces mœurs et humeurs accidentelles[1] » (je dois observer au passage que le terme de « littérature », dans ces premiers textes, est tantôt déprécié, tantôt valorisé ; il faudra y revenir). Dans cette perspective, le drame est présenté d'emblée en référence à la structure, il « s'attache en premier lieu à exprimer les lois fondamentales dans tout leur dépouillement et leur rigueur divine », il a pour fonction de « *faire le portrait de la vérité* », *portray truth*. Il se présente dans une tension entre une *forme* et un *esprit* qui l'habite, mais jamais ne demeure, qui ne prend corps dans aucun langage. Tension entre universel et contingent. Notons que l'accès à la vérité se fait par l'*analogie*, non par la déduction.

C'est ici qu'apparaît une curieuse comparaison, qu'il avait précédemment testée dans une dissertation universitaire. Joyce nous dit : « [Le drame] a fait éclater toutes [les formes] qui ne lui convenaient pas, comme le premier sculpteur lorsqu'il sépara les pieds de ses statues. » Cet énoncé fait doublement rupture, d'abord en introduisant la référence incongrue à un autre art, *la sculpture*, avant de revenir au drame, ensuite en se signalant par un phénomène qui est *le manque du nom propre*, un *pas* de nom propre quant à un premier pas. Tâchons de voir d'un peu plus près ces deux intrusions.

1. James Joyce, *Œuvres*, t. I, présenté par Jacques Aubert, Gallimard, coll. « Bibliothèque de la Pléiade », 1982, p. 918-920.

La sculpture et le modèle

Revenons au premier trait, le fait que la sculpture apparaît en position originaire, et surtout *métaphorique*. C'est elle que nous retrouvons deux mois plus tard dans un article mémorable sur la pièce d'Ibsen, *Quand nous nous réveillerons d'entre les morts*, qui met en scène les rapports mortifères d'un artiste et de son modèle, et pose d'ores et déjà la question de *la femme*/ une femme (texte qui à lui seul mérite tout un dépliage). Et l'on sent que c'est encore avec elle qu'il dialogue au début de son premier *Portrait of the Artist* lorsqu'il écrit : « Les traits de l'enfance ne sont pas communément reproduits dans le portrait de l'adolescence, car nous sommes si fantasques que nous ne pouvons ou ne voulons concevoir le passé sous une autre forme que celle d'un mémorial ayant la rigidité du fer. » Tout se passe comme si la mise à plat poétique, celle de l'écriture, devait *passer par la prise en compte du corps dans sa consistance d'image.*

On observera au passage qu'à l'arrière-plan de cette confrontation, on retrouve la problématique dégagée par Lessing dans son *Laocoon, ou Les Limites de la peinture et de la poésie.* Ce texte est mentionné dans le *Portrait of the Artist as a Young Man* de façon assez ambiguë, mais en revanche, deux de ses signifiants-repères, *nacheinander* et *nebeneinander*, qui définissent les deux arts en cause en termes, l'un de succession, l'autre de coexistence, apparaissent au tout début de l'épisode 3 d'*Ulysses*, *Protée*, au moment précis où l'écriture de Joyce commence à basculer hors de la perspective de la représentation. Lessing se préoccupe d'éliminer de la poésie tout projet descriptif, et de dénier aux arts plastiques le droit de dépeindre ce qui est de l'ordre de l'*action*, qui, elle, doit rester le domaine propre de la poésie. Selon lui, dans le cas de *Laocoon*, l'absence d'une expression de la douleur sur ses traits, et même de la suggestion d'un cri, ne tient aucunement à une interprétation psychologique (stoïcisme), mais aux lois de la sculpture grecque, soumise aux principes, aux contraintes propres à l'exigence de beauté. Pour Lessing, et ce devait être la conclusion de son traité resté inachevé (observe la source de Joyce, *A History of Æsthetic* de Bernard Bosanquet), le drame est la plus haute forme de la poésie, et celle-ci, répétons-le, a pour objet l'*action*. Joyce, lui, dégage ce qu'il peut y avoir d'*acte du sujet dans l'action dramatique*, une action que Joyce a eu le plus grand soin, dans la conférence dont nous sommes partis, d'opposer radicalement au pur « spectaculaire ».

La sculpture, le signifiant et la paralysie

Dans *Portrait of the Artist*, Joyce fait dire à Stephen Dedalus, à propos du « rythme de la beauté » : « Parler de ces choses, chercher à comprendre leur nature, puis, l'ayant comprise, essayer lentement, humblement, sans relâche, d'extraire à nouveau, de la terre brute ou de ce qu'elle nous fournit, – sons, formes, couleurs, qui sont les portes de la prison de l'âme, – une image de cette beauté que nous sommes parvenus à comprendre, – voilà ce que c'est que l'art[1]. » Ainsi, la sculpture apparaît comme la métaphore privilégiée de la création, en tant qu'elle est expression, *extraction d'un objet (a ?) du signifiant massifié.* Elle présente l'acte fondateur, qui est réponse à un manque de manque.

Mais insistons : cette sculpture est clairement spécifiée du corps, aussi bien qu'associée, nous l'avons vu dès le début, au dramatique. Et l'axiome « le drame est la vie » même se vérifie lorsque Joyce présente une autre face possible de la question du corps, la paralysie, en tant qu'elle signale la mort qu'apporte le signifiant. On sait que Joyce a présenté ses nouvelles sous ce vocable : « Mon intention était d'écrire un chapitre de l'histoire morale de mon pays et j'ai choisi

1. *Ibid.*, p. 734.

Dublin comme cadre parce que cette ville me semblait le centre de la paralysie[1] », écrit-il à son éditeur, Grant Richards, le 5 mai 1906 ; et encore, à son ami Constantine Curran, le 4 août 1904 : « J'appelle la série *Dubliners* pour trahir [*betray*] l'âme de cette hémiplégie ou paralysie que beaucoup tiennent pour une cité[2] », où l'on voit que l'identification est complète entre cité et paralysie. Une identification dans l'immédiateté du signifiant « Dublin » rencontré « comme mort », en vue d'un *sens* (re)donnant vie.

Il écrit en effet à son éditeur (15 octobre 1905) :

« Par suite de nombreuses circonstances que je ne peux exposer ici en détail, l'expression "Dublinois" me semble *avoir un sens* ; je doute qu'on puisse en dire autant de "Londonien" et de "Parisien", dont les écrivains se sont servis pour titre[3]. » Il n'est pas surprenant qu'il ne puisse « détailler les circonstances », car ce serait déjà se lancer dans son écriture : ce qui l'obsède, c'est, autant que la passivité des personnes, la massivité du signifiant, massivité dont son écriture a précisément pour objet de venir à bout. D'ailleurs, « Dublinois », « Londonien », « Parisien », ne sont pas des noms ou des épithètes, mais, dit-il, des mots, *words*.

Et *Dublin doit être pris littéralement* : « Je l'ai écrit pour l'essentiel dans un style d'une scrupuleuse médiocrité [*scrupulous meanness*], avec la conviction qu'il faudrait être audacieux pour oser transformer la présentation de ce que l'on a vu et entendu, encore plus pour les déformer. Je ne peux faire davantage. Il m'est impossible de modifier [*alter*] ce que j'ai

1. *My intention was to write a chapter of the moral history of my country and I chose Dublin for the scene because that city seemed to me the center of paralysis.*

2. *I call the series Dubliners to betray the soul of that hemiplegia or paralysis which many consider a city.*

3. *On account of many circumstances which I cannot detail here, the expression « Dubliner » seems to me to have some meaning, and I doubt whether the same can be said for such words as « Londoner » and « Parisian » both of which have been used by writers as titles.*

écrit[1] » (Lettre à Grant Richards, 5 mai 1906). *Meanness*, où l'on peut entendre, en même temps que le bas de la bassesse, de la mesquinerie, et l'idée de « moyen », de médiation aussi bien, quelque chose aussi du sens, du « vouloir dire », *mean*, comme substantivé par la finale *-ness*. Et *scrupulous*, du gravier *insignifiant*, mais qui fait si mal à l'intérieur, au pied, n'est-ce pas : Joyce ne se dit pas seulement attentif au signifiant, mais plus encore à son plus aigu, là où il *défaille dans la matérialité du texte*, dans la lettre : dans sa *pointe*.

Le nom et son manque

Nous avons rencontré, il y a un moment, dans le discours de Joyce, une autre défaillance, celle du nom du père de l'art. Ce nom qui manque dans l'identification du drame, de la vie et de l'art, c'est le nom propre même dont Joyce va bientôt s'affubler, Dédale, ou plutôt *Dædalus*, pour reprendre l'orthographe qu'il retiendra dans *Stephen Hero* et dans certaines lettres de 1904, où il se signe, si j'ose dire, « Stephen Dædalus ». C'est ce nom qu'il mettra au bas de sa première nouvelle, *The Sisters*, publiée cette même année dans un journal de Dublin, et qu'on s'attend à retrouver en signature de l'œuvre achevée.

Ce Dédale, ou plus exactement *Dædalus*, Joyce lui avait fait la même allusion silencieuse dans le commentaire d'un tableau, l'*Ecce Homo* de la Royal Hibernian Academy : « Le drame fit son apparition dans la sculpture le jour où l'artiste sépara les pieds de ses statues. » Il reprenait là une tradition remontant à Hérodote, reprise à l'époque moderne par Winckelmann et par Hegel (chez lequel il l'avait probablement trouvée) pour pointer en *Dædalus* l'auteur du geste inaugural, non seulement de la sculpture,

1. *I have written it for the most part in a style of scrupulous meanness and with the conviction that he is a very bold man who dares to alter in the presentment, still more to deform, whatever he has seen and heard.*

mais encore, on vient de le voir, de la poésie en son essence « dramatique », c'est-à-dire d'« action-acte », d'acte dans l'action. Dédale restitue la vie, éclairant la remarque du *Portrait of the Artist* de 1904 sur la « doctrine vivante de la *poétique* » : là où l'on est sous l'effet mortel du signifiant, la statue continue à être vivante. *Dædalus introduit à la vie et à son énigme.* Qu'est-ce à dire ?

Selon Françoise Frontisi-Ducroux, à laquelle nous empruntons ces données, « avant Dédale, les statues avaient les yeux fermés, les jambes jointes, les bras collés au corps, ou même étaient totalement dépourvues de mains, de pieds et d'yeux [Ces *xoana* sont, pour Jean-Pierre Vernant, des manifestations de l'absence, de l'invisible]. Certaines ne consistaient qu'en une simple planche ou poutre. À Dédale sont attribués tous les progrès décisifs de l'art archaïque : yeux ouverts, jambes écartées, bras décollés du corps et tendus [1]. » Tout à fait normalement, c'est-à-dire dans la méprise, la tradition lui attribue la fabrication du premier automate. En tout état de cause, c'est l'invention d'une *mimésis de la vie, au risque de l'automatisme* qui curieusement a inscrit Dédale dans l'ordre symbolique car ce nom propre surgit d'une famille lexicale, les *daidala*, constituée de substantifs, de verbes, d'adjectifs dérivés et composés, vocables, nous dit Frontisi-Ducroux, « qui tombent en désuétude […] au moment où la légende de Dédale est amplifiée et popularisée. Tout se passe comme si cette série de termes s'était progressivement effacée derrière l'anthroponyme auquel elle a donné naissance [2]. » Nous avancerons : « tout se passe comme si » Joyce prenait un chemin inverse de celui que la philologie suggère, en une remontée vers une sorte d'avant-Dédale, d'avant le nom propre, vers l'originaire du travail réel de la langue, vers le *travail de la coupure*

1. Françoise Frontisi-Ducroux, *Dédale, mythologie, de l'artisan en Grèce ancienne*, François Maspero, 1975.
2. *Ibid.*, p. 36.

s'exerçant sur la massivité « xoanique » du signifiant. « Dédale » est pour lui le *nom* de cet acte symbolique. Dans les deux passages, ce signifiant est omis, dans les deux passages, l'acte est pointé par cette référence à la séparation des pieds, *condition* du *pas.*

On sait le reproche fait à Dédale : avec ses automates s'ouvre la possibilité, le danger que les images, les images du corps, fichent le camp : autre façon de dire que l'automate est du côté de l'analogie et de l'imaginaire, alors que l'immobilité de la statue fait saisir la vie en elle, avec sa part de vérité. Ce n'est pas pour rien que les *daidala*, tout comme les *xoana*, font partie des *agalmata*, des objets précieux relevant plus ou moins du sacré. À ce titre, s'ils ne se déplacent pas, ils ont vocation à être déplacés, dans les mouvements de toute culture vivante :

« Les statues de Dédale ont bien des raisons de s'enfuir. Mobiles, elles le sont en tant que signes de la présence insaisissable d'un dieu, en tant qu'objet et instrument de rites qui miment l'action divine dans ses diverses manifestations, en tant que marque d'un pouvoir politique qui se réclame d'une investiture divine, mais qui peut, en même temps que le talisman, échapper à son détenteur, en tant qu'objet précieux enfin qui, à côté de ses valeurs religieuses et politiques, est aussi [...] une valeur circulante, une monnaie d'échange[1]. »

Ainsi, *Dédale est celui qui crée une variété d'*agalmata *voués à la fuite métonymique, inséparables de la dimension métonymique du symbolique dans laquelle l'objet échappe à son détenteur-créateur.* Dédale libérateur, sinon plutôt que créateur, d'objets, qu'il fait échapper à ce que le signifiant peut avoir de massifié.

1. *Ibid.*, p. 106.
Je remarque au passage que Joyce signale l'intérêt de son héros pour « les dieux portatifs des hommes dont Léonard et Michel-Ange devaient recueillir l'héritage », *Stephen le héros,* in *Œuvres I*, *op. cit.*, p. 347.

Libérations et habiles habillages de l'être

Je reprends. Pour Joyce, à l'entendre littéralement, l'image et le discours de la cité sont paralysés, son signifiant comme mort, sans *Autre*, sans désir. Ou perçu, dans un premier temps, comme réduit à un *Autre* sans sujet. Plus précisément, plus tragiquement, il se trouve, le sujet trouve que ce dont il souffre, ce n'est pas d'un signifiant manquant, mais que, dans un univers signifiant entièrement saturé, *manque le manque même* : il n'a plus de place où s'inscrire, sinon dans la confection, à partir de cette constatation (révélation ?) un signifiant qui serait le sien, qui serait *lui, qui donnerait existence à son être*. Et qui serait tout dans la pointe, acérée, coupante. (Et qui serait de la nomination.) Il est animé par le désir de créer du manque, là où l'on sature *son désir*. Ce qu'il veut apporter aux hommes, c'est *la vérité du manque dans la structure*. Ce qui, en fait, le conduira à son travail : travailler sur le signifiant et travailler sur lui sont indissociables.

Sa pointe s'exerce à l'articulation du vu et de l'entendu, et fait bouger, enfin, *anime l'Autre*. Car en ces temps-là, Joyce s'imagine qu'il va faire bouger les choses. Il n'a pas encore saisi tout à fait que c'est la mort qui gagne à tout coup. Le 20 mai 1906, il écrit encore à son éditeur qui lui demandait de changer des mots et de supprimer certaines histoires : « Les points sur lesquels je n'ai pas cédé sont les véritables rivets du livre. Si je les élimine, que devient ce chapitre de l'histoire morale de mon pays ? Je lutte pour les garder parce que je crois qu'en composant mon chapitre d'histoire morale exactement comme il est, j'ai fait le premier pas [*sic*] vers la libération spirituelle de mon pays. » L'idée de libération de l'esprit prisonnier d'une forme paralysée reprend celle qui dominait sa présentation du dramatique.

Cet esprit, qui s'adresse à l'Autre, il va très vite nous dire que *c'est le sien*, comme il le dit à la même époque (1904) au tout début de son premier *Portrait of the*

Artist : l'art de ce portrait, nous dit-il, consistera à mettre en œuvre « par quelque processus de l'esprit dont il reste à dresser le tableau [*as yet untabulated*], à dégager [*liberate*] des masses de matière personnalisées, ce qui constitue leur rythme individuant ». Et *cette forme*, c'est celle d'un corps qui a pour seule consistance celle que lui donne l'hétéronyme qu'il s'est choisi.

Le dramatique, nous l'avons vu, était avant tout l'habillage d'un imaginaire de la sculpture dans lequel le sujet est entièrement plongé, auquel il adhère de tout son être : Dédale, *nom imaginaire dont il se baptise, s'habille*, se révélera en dernier ressort une *création métaphorique* à dimension, *à visée ontologique*. Maintenant, le terme de « masses de matière personnalisées » (*personalised lumps of matter*), est curieusement proche de cet engluement dans le signifiant massifié qu'il dénonce dans l'*autre*-Dublin. Avec *Dubliners*, à travers ce travail d'écriture, Joyce va se trouver pris dans *le procès métonymique* dont Lacan a bien montré qu'il est inséparable de la métaphore[1]. *Un procès grâce auquel l'image du corps commence à devenir portrait. C'est-à-dire aborder la question de la vérité* (*cf.* son expression, signalée plus haut, *portray truth*). Mais dans un procès marqué de la rigueur du symbolique : *tabulated* évoque clairement le tableau de Mendeleïev et sa case vide.

Parti d'une commande, le recueil s'organise peu à peu sous la plume de Joyce, peut-être, dans un premier temps, sur le modèle de *La Divine Comédie*, ensuite, explicitement, comme la présentation de trois aspects de la cité : enfance, adolescence, maturité et vie publique (Lettre à Grant Richards, 5 mai 1906). Mais Joyce n'arrive pas à conclure : son projet est au départ de dix nouvelles, puis de douze, puis de treize, puis de quatorze. Joyce en est là en 1906 lorsque, las de sa vie à Trieste, il part chercher fortune à Rome, où

1. Jacques Lacan, *Le Séminaire*, livre V, *Les Formations de l'inconscient*, Le Seuil, 1998, p. 75.

il restera huit mois, et d'où il reviendra, gestation quasi accomplie, au printemps de 1907 avec le projet (jusqu'à quel point avancé ?) d'une dernière nouvelle qu'il achèvera, dernier geste, au début de l'été, *The Dead.* Cette ponctuation finale est à peu près contemporaine du projet de récrire *Stephen Hero* en un roman « en cinq chapitres », qui sera *A Portrait of the Artist as a Young Man.* C'est le moment aussi où arrive dans son foyer son second enfant, Lucia. Tentons de saisir quelque chose de cette façon de conclure le temps pour comprendre.

De la certitude à l'assentiment par la rencontre du réel

Joyce signe donc sa première nouvelle *Stephen Dædalus*, mais publiera le recueil sous son nom propre et en même temps décide d'une récriture de son portrait. Entre les deux moments, avec la *chute de cette identification*, bascule le rapport à l'*Autre.*

Un rapport marqué dans un premier temps par les indices de la *certitude*, cette certitude dont il nous dit dans le premier *Portrait of the Artist* (1904) que parmi les hommes il ne l'avait point trouvée [1] mais qu'il commençait à l'éprouver lors d'expériences qu'il évoque et qu'il qualifiera ailleurs d'épiphanies. Telle semble avoir été au départ l'inspiration des nouvelles de *Dubliners.* Et c'est cette certitude dont il se sent le dépositaire et qu'il se considère voué à *transmettre*, comme il l'affirme dans *Stephen Hero* : « Il était convaincu que nul ne rend à la génération dont il fait partie un service plus grand que celui qui, soit par son art, soit par son existence, lui apporte le don de certitude [2]. » Précisons : « touchant la structure ».

On a vu avec quelle vigueur, dans le cas des nouvelles de *Dubliners*, il défendait cette mission de divulgation de la *vérité toute dont la jouissance l'envahissait.*

1. *Œuvres I*, *op. cit.*, p. 317.
2. *Ibid.*, p. 385.

On a vu aussi l'embarras dans lequel ce travail d'écriture l'a peu à peu, et à son insu, plongé. C'est que son projet était aussi et surtout une demande, dans les chicanes desquelles il finit par se prendre : accusateur dans son principe, Joyce fut bien obligé de le déployer dans le signifiant. Dans cette *métonymie*, d'accusé, l'Autre se fit pour lui peu à peu accusateur. Dans *Drama and Life*, il s'agissait de faire le « portrait de la vérité » : cette icône, proprement épiphanique, était un objet, était tout objet. (Ce que l'on sait du fétichisme de Joyce vis-à-vis de ses premiers petits textes, calligraphiés sur vélin, présentés avec un soin extrême, serait à relire dans cette perspective.) Tout se passe comme si ces objets se mettaient à le regarder. Son image héroïque (*Stephen Hero*) est en train de devenir autoportrait. Ses « papiers d'identité », purs énoncés, tournent à l'énonciation : *Ego sum (Dædalus)*, avec lequel va justement chuter l'hétéronyme imaginaire maintenant réduit au procès qu'il a déclenché.

Et c'est à Rome que se produisit ce renversement de perspective. À l'entendre, Joyce était allé y chercher à la fois un travail mieux rémunéré et un peu de loisir pour écrire. Mais pour ce catholique irlandais en rupture de ban, quelque chose non point tant de la *vérité en tant qu'universelle (catholique)*, que de son *fondement*, était en jeu à son insu, fût-ce sous la forme d'un *défi*. Ce défi avait été, un moment, de constituer « toute une science esthétique » à base de « saint Thomas appliqué », une somme, en quelque sorte. Ce projet d'un *habillage de la jouissance* (du Beau), manifestement abandonné à cette époque, va se monnayer en écrits (il y en aura cinq, cinq tomes, le Pentateuque de la Bible de l'Art), en purs écrits de *sum*, de « je suis celui qui suis ».

C'est qu'il rencontre *un réel*, dans une double rencontre ratée, touchant à la fois Dublin et Rome. D'une part, dit-il, il n'a pas rendu compte de la vertu d'hospitalité des Dublinois, et d'autre part il est saisi, transi, par l'atmosphère mortifère de Rome, « qui évoque pour moi, dit-il, un homme qui gagne sa vie en montrant aux touristes le cadavre de sa grand-mère[1] ». On voit le pas que « Roma » lui fait franchir : le cadavre ne lui re-présentifie pas seulement la paralysie comme objet et comme signifiant, mais la *corruption* même. On sait la lecture que Lacan[2] fit de cette affaire grâce à saint Augustin (*Conf.* VII, 12) dans *Le Séminaire* VII[3] ; il y fait bien apparaître la dimension de la *perte* (du bien). Joyce, au début de 1904, citait ce même texte qui manifestement l'avait frappé, sans paraître en articuler la leçon. Je lis qu'il le fait à Roma où *il rencontre la Chose dans son extimité* : le cadavre. Et si « Roma » peut se lire « Dublin », c'est bien dans son envers littéral, « amor ». Littéral et programmatique : *un autre amor.*

Joyce est d'autant plus pris dans cette double rencontre de Dublin dans, à travers Rome, qu'il s'agit en fait d'une seule rencontre à double face, d'un réel inscrit *d'un même geste* dans son écriture et dans le signifiant auquel il s'identifie, *Dædalus. Un signifiant qui, déployé à la lettre, à la fois dit l'acte, et le confronte à la mort.*

Dans ce lieu du symbolique supposé, d'un symbolique bloqué qu'il conteste dans la fascination, Joyce retrouve les puissances de l'imaginaire qu'il avait cru exorciser en quittant Dublin dans le premier temps d'un acte qui va en exiger un second. Dans sa mise en cause du monde dublinois, il utilise à plusieurs reprises le signifiant *assent*, emprunté à la *Grammar of Assent* de son maître John Henry Newman[4]. Ainsi que le dit l'un de ses commentateurs autorisés (Bernard Dupuy), Newman pose que « la condition de tout discours et de tout dialogue, c'est que soit abandonné le terrain des propositions notionnelles » (*i.e.* dans

1. *Ibid.*, p. 1204.
2. On a envie de dire après Joyce : voir *Œuvres I*, *op. cit.*, p. 317.
3. Jacques Lacan, *Le Séminaire*, livre VII, *L'Éthique de la psychanalyse*, Le Seuil, 1986, p. 259-260.
4. *Cf.* Jacques Lacan, *Écrits*, Le Seuil, 1966, p. 862.

l'absolu), ce que Newman appelle l'assentiment notionnel fondé sur l'inférence, dans lequel « l'esprit contemple ses propres créations, et non pas les choses » (*i.e.* le relatif). Newman ajoute : « Dans l'assentiment réel, il [l'esprit] est dirigé vers les choses, représentées par les impressions qu'elles ont laissées sur l'imagination. Ces images, lorsqu'elles sont l'objet d'assentiment, ont à la fois sur l'individu et sur la société une influence que de simples notions ne peuvent exercer [1]. » Les conséquences de cette liaison du réel et de l'imaginaire, Dupuy les résume en ces termes : « C'est la force cumulative et unifiante des raisons *probables* recueillies par une *mémoire attentive* qui entraîne l'assentiment de l'esprit [...] Il faut que soit mis en œuvre toute une histoire mentale, tout ce qui a été appris et retenu, non sous forme de connaissances proprement dites, mais sous forme de principes, de règles de conduites, sens des valeurs, jugements obtenus par l'expérience, par l'éducation et *l'écoute d'autrui* [2] » : une sorte de perlaboration.

Le grief essentiel de Joyce à l'égard de ses concitoyens, grief *éthique*, c'est que leur assentiment est purement notionnel. C'est ce qu'il articule au début du premier *Portrait of the Artist* (1904) : « Il fallut en vérité longtemps à cet adolescent pour comprendre la nature de cette vertu toute marchande – celle qui permet de donner un assentiment commode à certaines propositions sans y conformer le moins du monde son existence [3]. » De même, c'est dans ces termes que dans la nouvelle *Grace* est épinglée Mrs. Kernan : « Ses articles de foi n'avaient rien d'extravagant. Elle croyait fermement que le Sacré-Cœur était, de toutes les dévotions, la plus utile d'une façon générale, et les sacrements avaient son approbation [4]. »

1. John Henry Newman, *An Essay in Aid of a Grammar of Assent* (1870), rééd. Christian Classics, 1973, p. 75.

2. Bernard Dupuy, *Encyclopædia Universalis*, art. « John Henry Newman ».

3. *Œuvres I*, *op. cit.*, p. 314.

4. *Ibid.*, p. 248.

Mais lui-même, avec toutes ses pensées et ses interprétations, n'est-il pas plongé en plein notionnel ?

Dans son retour à Rome et au lieu fondateur de ce à quoi il prétend s'opposer, Joyce découvre, ou redécouvre, *l'origine de l'histoire avec la mortalité du fils. Présentification de la mortalité* qui le touche au vif de son être. Ce faisant, se lève pour lui le couvercle qu'il avait cru sceller sur ce qu'il appellera au début d'*Ulysses* « le cauchemar », en écrivant, rappelons-le, « un chapitre de l'histoire morale de son pays ». Mais il l'avait articulé dans et par une demande adressée à l'*Autre* dublinois. Et, inévitablement, cette demande, en tant que telle, le renvoie à lui-même, à son histoire, à son désir, et le fait passer de la morale et de la théorie esthétique, à la perspective de l'éthique. À un *assent* qui est du sujet, qui porte sur le sujet de l'écriture, *Dublin autant que lui-même, Dublin qui du coup d'*Ulysses *à* Finnegans Wake, *ne va pas cesser d'être le sujet de son écriture.*

Pas de Dédale et pas de Stephen, ou : d'une identification au trait unaire à sa chute dans l'équivoque

Il est maintenant temps de revenir à ce trou, ce « pas de Dædalus » que nous avons repéré dans les premiers textes de Joyce. Il ne s'agit pas simplement d'un « oubli du nom propre ». Ce qui est omis, c'est le signifiant de l'artiste tutélaire, et c'est, *littéralement, sa nomination.* On dira que, puisque, dans cette littéralité, il n'existe que dans et par son acte de coupure, comment pourrait-il être représenté, sinon par cette coupure ? Il est donc entièrement dans son signifiant (pure « tomographie »… ?) et c'est bien ce qu'il nous donne à entendre dans sa première articulation, *Dæd-*, en phonétique [i :], c'est-à-dire strictement homophone de *deed*, action d'éclat, acte (au sens juridique). La fonction du nom se trouve engager l'existence de l'acte, l'acte comme existence. La seconde acception de *deed*, « acte » au sens juridique, est particulièrement intéressante en ce qu'elle désigne, sous la forme *deed-poll*, un « acte sous-seing privé », sur un document coupé droit (*polled*), et non un document « indenté », tel un *symbolon*, pour faire foi entre deux parties (telle est, dans la culture anglo-saxonne, la procédure de l'*indenture*). Or ce type d'acte, dans *Ulysses*, est utilisé à propos du *changement de nom* du père de Bloom, Virag, « le nom du père qui s'est empoisonné » (*deed-poll* est malheureusement traduit par « décret [1] »). Seulement, ce signifiant que Joyce se choisit comme nom a ce trait particulier d'une désinence latine, signe d'une allégeance à l'engeance romaine, la *gens* catholique, universelle et universalisante, aux dépens de la raison hellénique. Et c'est celle-ci qu'il va retrouver lorsqu'il se transfère à Rome, c'est ce réel, cet impossible, qu'il va, inconsciemment, y chercher, sous les apparences d'une fuite. « Ce soir à Samarkande »… Tout se passe *comme s'il avait pris acte de sa rencontre avec la mort, avec une figure de l'autre absolu, qu'il rencontre dans les lettres mêmes de ce « Daed- » : « The Dead »*.

Il se trouve cependant que Joyce signe non *Dædalus*, mais « Stephen Dædalus », *se spécifiant fils dans une lignée, celle des Dédale. Quel destin signe-t-il là, comme fils du fondateur de l'art, entendu comme nouage du drame et de la vie ?* Mais aussi, quelle est la portée de cette collocation de ce prénom, de *ce nom de désir*, qui est son propre, et le fait sortir du commun, avec ce *Dædalus* au fond commun ? Ce désir dont il est le nom, « Stephen » l'inscrit dans l'Église catholique, dont Stephen est le « protomartyr », le premier à avoir mis sa vie en jeu pour quelque chose qu'il n'avait pas vu de ses yeux, mais saisi dans la parole. *Était-il pour autant pris dans le désir humain ? C'est bien ce dont il doute.* Et que Joyce-Stephen ait éprouvé le mordant de

1. *Ibid.*, p. 380.

la question est patent lorsque dans l'épisode 9 d'*Ulysses* son interprétation de Shakespeare le renvoie à lui-même :

« – Vous savez tirer parti du nom, reconnut John Eglinton. Votre propre nom est assez étrange. Ça explique peut-être votre imagination fantastique.

Moi, Magee, Mulligan

Inventeur fabuleux, l'homme faucon. Tu pris ton vol. Vers quoi ? Newhaven-Dieppe, passager de troisième classe. Paris et retour. Pluvier guignard. Icare. Pater, ait. Ruisselant d'eau de mer, désemparé, à la dérive. Guignard vous êtes. Guignard comme lui [1]. »

Dans la légende, le pluvier est associé au meurtre, par Dédale, de son neveu, et à la mort d'Icare [2]. Mais Joyce ensuite mêle à la description de la mort d'Icare [3], et cela change tout, *l'ultime parole du Christ, l'appel au père.*

Stephen-Icare au risque mortel de la montée, *ascent*, un signifiant strictement homophonique de l'*assent*. Mais *une voix, trahissant une déréliction radicale, vient percer* la surface imaginaire lisse qui tente de recouvrir l'expérience. Se vérifie ici, Stephen le dit dans ce testament sur le nom, que c'est bien un réel qui est en cause.

Un réel qu'il met en jeu et déjoue *par son pas à lui, par ce qui le fait pas.* J'ai souligné que Joyce parlait, à propos de *Dædalus*, de la séparation des pieds (non des jambes), *feet*, un signifiant équivoque en anglais comme en français : pied humain, pied du rythme poétique. Que tout cela relève de la jouissance phallique paraît évident. Ce que j'observerai maintenant, en outre, c'est que Joyce, en choisissant « Stephen » comme prénom de son héros, introduit subrepticement, « à l'insu de son plein gré », et surtout d'un seul coup, deux traits : un autre signifiant de « pas », et un phonème décisif.

1. *Ibid.*, p. 238.
2. Ovide, *Les Métamorphoses*, VIII, v. 250-259.
3. *Ibid.*, v. 229-235.

Il introduit *step*, le pas, la marche, et aussi bien *step-*, premier élément de toute une série de composés familiaux (*step-brother, -father, -mother*), élément hérité d'une vieille racine germanique (OE *steop*, orphelin, et OHEG *stiufan*, priver de parents ou d'enfants). L'acception de cette sorte de préfixe est la suivante : (OED) « celui qui est dans une *relation nominale* analogue à celle qui est spécifiée, en raison de *la mort* de l'un des conjoints et du *remariage* de l'autre » : *nouage de la mort et du nom à travers la perpétuation de la vie*. À quoi s'ajoute donc, dans l'équivoque, la *démarche* que connote le *step* si j'ose dire courant.

(Je ferai ici une parenthèse. Dans le *Portrait*, Joyce articulera le signifiant *step* de plusieurs façons lorsqu'il cerne peu à peu sa position à l'égard de la femme et de la vocation, vocation de prêtre, vocation d'artiste. Cela commence avec « l'épiphanie de la petite fille », épiphanie que Joyce, pour la première et unique fois, déplie et fait fonctionner au long de son texte ; l'enfant y est petite tentatrice, montant vers lui et descendant les marches du tramway. Ensuite, le *step* est associé à la position dans laquelle il s'imagine, non pas prêtre ainsi qu'il en avait été question, mais diacre sur la marche inférieure. Enfin il retrouvera la jeune fille sur les marches de la bibliothèque, qui se révèle en définitive le lieu de son interrogation sur les signes et les signifiants.)

On voit, dans cette lecture de *Stephen* recoupé en *step* et *hen* (autre signifiant qui pousse à l'interprétation, dans la mesure où, dans *Finnegans Wake,* c'est la poule, *hen*, qui découvre la lettre en grattant dans le tas d'immondices), on voit, dis-je, que ce recoupement fait tomber, et du coup isole un trait, le phonème [i :]. Phonème remarquable ici, puisque, nous venons de le voir, il est également à l'initiale de *Dædalus*. Par la grâce de ce trait phonématique, de ce *différentiel phonématique qui fait trait*, *Stephen* et *Dædalus* possèdent *un élément identificatoire* commun, lisible, à mon sens, comme *engendrement métonymique réversible*.

Le pas de *Dædalus* peut être présenté comme l'identification de Stephen par ce trait différentiel, en lequel, c'est mon hypothèse, se localise la voix en tant que reste de voix, défaut de voix, *éclat de voix tombant en lettres.*

Éclat, défaut, récriture du défaut. C'est là que le *drame* dont nous a entretenus Joyce se fait entendre vraiment, tel qu'il nous le donne à lire au début d'*Ulysses* : *My familiar, after me, calling Steeeeeeeeeeeephen. A wavering line along the path*[1]. *C'est after* qui noue l'équivoque : sont convoqués le temps, l'espace, l'agressivité, et aussi la succession, la transmission. Et ce *familiar*-là a un furieux air de parenté avec *Dædalus* père, qui, dans *Portrait of the Artist,* appelle son fils d'un *ear-splitting whistle*, « d'un sifflement à vous percer le tympan[2] ». Malgré la satisfaction que l'on peut retirer de cette interprétation, où il est loisible d'aller jusqu'à entendre l'engendrement imaginaire du père et celui de la race (voir la dernière page du *Portrait of the Artist* à laquelle Lacan fait spécifiquement allusion), malgré cela, la seconde phrase, avec son évocation transparente de l'écriture, nous oblige à relire le *after me* de la première pour en dégager une autre dimension : Stephen y témoigne à la fois de sa *relecture du réel et d'une écriture qui à elles deux le singularisent*, écriture qui sera marquée, « irrévocablement », par la *voix, la lettre, et leur équivoque.*

Il est remarquable que dans le *Portrait of the Artist as a Young Man* final, Joyce adopte la graphie « Dedalus », laissant tomber le « a ». Que Ezra Pound l'ait poussé ne change rien à l'affaire.

1. *Ulysses*, Random House, 1961, p. 20 ; *Ulysse*, in *Œuvres II*, *op. cit.*, p. 22 : « Mon familier qui marche après moi, appelant Steeeeeeeeeeeephen. Un tracé onduleux au long du sentier. »

2. *Œuvres I*, *op. cit.*, p. 702.

De la comédie

Parlons de cause. Dans la visée de son éclaircissement de « la doctrine vivante de la poétique », Joyce définissait la tragédie en termes de cause (« La terreur est le sentiment qui nous arrête devant ce qu'il y a de grave [c'est-à-dire, précise-t-il plus loin, "de constant et d'irrémédiable"] dans la destinée humaine et nous unit avec sa cause secrète »), et prônait la comédie comme la seule forme parfaite, aux dépens de la tragédie, en ce que caractérisée par la « joie », *joy*. Encore convient-il de préciser ce que Joyce entendait par là : le contexte indique clairement qu'il s'agit de la *jouissance* de la beauté, telle que Bernard Bosanquet, dans son *History of Æsthetic*, la définit à l'aide du *Philèbe* et du *Gorgias*, c'est-à-dire applicable aux « cas qui échappent à l'inquiétude [*uneasiness*] du désir et [...] se distinguent par leur caractère symbolique [1] ». Cette *joy* est assurément du côté de la *jouissance du Pas-Tout*. Les textes de saint Thomas qu'il utilise confirment cette orientation. Le grand virage de Joyce sera en définitive celui d'un fils de « joy » enfin reconnu.

Peut-on dire que pour Joyce à Rome, un manque le confronte à ce qu'un nom est à l'œuvre ? Du moins en son *pas*, en ses effets métonymiques de métaphore ratée, ou plutôt parce que, réussie. Assignables à une sorte *d'envers de la métaphore paternelle*, qui n'a *fait que passer, et du coup faire passer le fils*, on vient de voir comment. *Car Dæd- et deed, d'emporter l'acte, ont signé la présence de la mort comme horizon*, la rencontre d'un réel. Et cela *à la lettre près*, à la *position* près de la lettre, lorsque le *æ* de *Dæd* se délie et se retourne pour aboutir à *dead, The Dead*, « les morts ». Dès lors, au faux trou auquel *Dædalus* faisait bouchon va se substituer un vrai trou, symbolique, et le second temps de son acte avec son départ de Rome et l'abandon de l'hétéronyme « Dædalus », qui de signature devient

1. Bernard Bosanquet, *A History of Æsthetic* (1892), Macmillan, 2e éd. 1904, p. 51.

character du *Portrait of the Artist as a Young Man,* condition du passage à une autre écriture. *Le Dædalus imaginaire, « sculptural »* (c'est le mot même, *his sentence, sculptural,* par lequel il qualifie son style même, dans le premier *Portrait of the Artist* [1904], autre façon de démontrer, ou trahir, sa littéralité), *prenait vie, en tant qu'il prenait corps, corps mortel.* C'est en ce point, d'ailleurs, qu'il abandonne la référence privilégiée à l'âme qui caractérise ses tout premiers textes : cette première pièce, aujourd'hui perdue, et dont on sait seulement, aujourdhui, qu'elle était dédiée « À [mon] âme » ; ou ce qui semble avoir été le premier titre de *Chamber Music,* « Le voyage de l'âme » ; ou encore son travail à partir d'Aristote, dont il tient à conserver des traces dans *Ulysses. Ulysses,* encore et surtout, où il nous fait entendre Stephen déchiré par l'effet de sa mère sur son âme (p. 11 : « Ses yeux vitreux du fond de la mort fixés sur mon âme pour l'ébranler et la courber. »)… Avec Rome, après Rome, Joyce prend le recul, la distance qui lui permet d'inscrire « Stephen Dedalus », non plus comme le héros statufié visé par la première version du *Portrait of the Artist, Stephen Hero,* mais comme le *character* de son *Portrait of the Artist as a Young Man,* soit le portrait, l'écriture de la coupure même, trait-pour-trait. Dès lors, ou plutôt par cette commémoration, prolongée dans *Ulysses,* « Stephen Dedalus » est enterré.

Avec sa certitude, Joyce touchait, collait à la structure. Cette certitude va s'effacer devant les *effets d'assentiment* (anticipé ?), et la dimension culturelle de cette logique, telle que Joyce l'avait découverte chez Newman, et qui m'apparaît comme une première approche de ce que Lacan a défini comme la *remémoration.* C'est ainsi que dans *Ulysses* il allait explorer tous les discours qu'il avait commencé à repérer dans *Dubliners,* les suivant en quelque sorte métonymiquement dans leurs moindres inflexions.

Tout au plus répéterai-je que cette écriture va reposer aussi sur des effets de *pointe.* Ou sur des marques d'*accent*, *accent*, dernier avatar d'*ascent-assent*, qui doit tout à un *glissement de consonance*. Dans ses notes en vue d'un traité d'esthétique, Joyce avait attaché beaucoup d'importance à la notion de rythme, et à la résolution du rythme. J'avance que ce qu'il abandonne, ce n'est pas le rythme, mais la perspective de sa résolution finale, au profit d'un déplacement métonymique de ses accents. On a souvent souligné l'importance de l'accent dans les textes de Joyce : accent irlandais contre accent anglais, celui de Cork (le père) contre celui de Dublin. Il lui arrive, dans *Dubliners* ou dans *Stephen Hero*, de caractériser un personnage de cette façon. L'intéressant, c'est que ce procès deviendra un ressort majeur de *Finnegans Wake*. Où l'on retrouve, élevé à la puissance de l'œuvre, le *Witz*, et sa jouissance. Cela est une autre histoire, encore.

François Regnault

CLAUDEL : L'AMOUR DU POÈTE

Dans *Poésie et vérité*, de Goethe, on lit : « Or, le vin ayant fini par manquer, quelqu'un appela la servante, mais, à sa place, entra une jeune fille d'une beauté rare et, lorsqu'on la voyait dans son milieu, incroyable. [...] — Nous manquons de vin, dit l'un ; si tu allais nous en chercher quelques bouteilles, ce serait très gentil de ta part. — Va, Marguerite [Gretchen] ! dit l'autre. C'est à deux pas. »

Puis : « À partir de ce moment, l'image de cette jeune fille me poursuivit par voies et chemins. C'était la première impression durable qu'une femme eût faite sur moi, et, comme je ne pouvais trouver ni ne voulais chercher un prétexte pour la voir chez elle, j'allai pour elle à l'église, et j'eus bientôt découvert où elle se plaçait, et, pendant le long service protestant, je ne pouvais me rassasier de sa vue. À la sortie, je n'osais pas lui adresser la parole, moins encore l'accompagner, et j'étais bien heureux quand elle m'avait remarqué et avait semblé répondre à mon salut par un signe de tête... »

Puis il écrit, pour rendre service à un couple d'amoureux, des lettres de part et d'autre, et se met en pensée à la place de cette Marguerite comme si elle lui écrivait à lui-même, dans l'espoir de la revoir. Il s'arrange pour faire les demandes et les réponses : « Quand on me rappela ma promesse, j'étais prêt ; je promis de venir et n'y manquais pas à l'heure fixée. Il n'y avait qu'un seul des jeunes gens au logis. Marguerite était assise à la fenêtre et filait[1]… »

Quelque temps après, il la perdra de vue pour toujours.

On comprend que *Faust*, qui semble sorti du Moyen Âge ou de la Renaissance allemande, puisse exercer aussi une si grande fascination sur le lecteur, jusque dans ses conséquences les plus populaires (l'opéra de Gounod !) : c'est que rien de ce qui est réellement prenant dans l'aventure amoureuse de Faust n'est inventé. Évidemment, Goethe a ensuite condensé la jeune fille au rouet et le thème à la mode de la meurtrière d'enfant, mais l'impression forte produite par la vérité, l'authenticité de la rencontre amoureuse, de la sortie de l'église, du rouet, etc., tout cela vient de la vie du poète.

Dans une pièce de théâtre – car ma question concerne ici le théâtre (je laisse de côté le roman, aisément biographique) –, il n'arrive guère qu'on retrouve la vie privée d'un poète : énigmes de Shakespeare ? règlements de comptes de Molière ? passions de Racine ?

Chez Claudel, deux pièces relatent, avec des traitements différents, une aventure amoureuse dont tout le monde sait maintenant qu'elle a embrasé sa vie à partir de son milieu : *Partage de midi* signifiant ce qui revient à midi (*Nell mezzo delle cammin di nostra vita*, il avait en fait trente-deux ans), et *Le Soulier de satin*.

Quoi que tout, dans le système mental du poète et dans son œuvre déjà écrite, fût sans doute en place pour que l'événement ait lieu, autrement dit, quoique la *tuchè* soit venue vérifier l'*automaton* et comme s'inscrire en lui, la répétition de l'épisode réel a lieu dans chacune de ces deux pièces. C'est ce dont je veux traiter ce soir.

1. Goethe, *Poésie et vérité*, trad. Pierre du Colombier, Aubier, 1980, p. 111-112, 113.

L'homme et l'œuvre : Claudel n'a cessé contradictoirement de dissimuler le secret de ce qui devait rester protégé à ses yeux, et de faire à ce sujet des confidences régulières. Les *Entretiens* avec Jean Amrouche, intitulés *Mémoires improvisés*, en étant le plus clair exemple. Ce que dans ces mêmes *Entretiens* Claudel appelle d'ailleurs fort bien « à la fois la publicité et le mystère : alors deux besoins probablement qui sont soit contradictoires, soit simultanés [1] ».

On connaît la position de Lacan à cet égard : en voulant demeurer « d'une neutralité objective », comme il dit, quant à la position de Sainte-Beuve, il considère qu'il faut déplacer le tournant opéré par lui « de la critique à la condition littéraire » : « L'œuvre de Proust lui-même ne laisse pas à contester que le poète trouve en sa vie le matériel de son message [2]. » On pourrait donc poser, en extrapolant et à titre d'hypothèse topologique lacanienne de départ que, chez certains auteurs, le recto de la vie et le verso de l'œuvre sont en parfaite continuité sur une surface unilatère, et que si, d'un geste proustien, on effectue une coupure dans la bande de Mœbius, il se retrouve que chaque point du recto corresponde à un point qui porte le même nom sur le verso. On vient de le voir : Marguerite, la sortie de la messe, le rouet, autant de points doubles chez Goethe entre *Poésie et vérité* et le *Faust*.

(Et on peut même vérifier que la sonnette qu'agitait Swann à Combray résonne encore à Illiers avec le son que Proust nous fait entendre de façon muette dans la *Recherche*.)

Mais je réserve ces réflexions au seul théâtre, ai-je dit.

La cloche du dîner qui sonne sur le bateau à la fin du premier acte de *Partage de midi*, c'est celle que Claudel a dû entendre sur l'*Ernest-Simons* lors de son

1. Paul Claudel, *Mémoires improvisés. Quarante et un entretiens avec Jean Amrouche* (diffusés en 1951-1952), Gallimard, 1969, 23e entretien, p. 208.

2. Jean Delay, *Jeunesse d'André Gide*, t. I, Gallimard, 1992, p. 741.

second voyage en Chine. Sans doute a-t-elle dû sceller quelque entente, quelque connivence entre les futurs amants ; et à cette cloche pouvait servir de basse chiffrée le chœur des matelots qui, à la fin du premier acte de *Tristan et Isolde* de Wagner (que Claudel connaissait admirablement), conclut entre les amants le pacte bu dans le philtre fatal.

« À vue de pays », comme dirait Sganarelle, l'histoire du cas Claudel reçoit trois ou quatre scansions essentielles, trois quatre points de non-retour dans ce qu'il a appelé, non sans la distance complaisante d'un style académique « les hasards d'une vie agitée » : la conversion de 1886, la rentrée dans l'Église de 1890, le renoncement au sacerdoce en 1900, la rencontre avec « cette femme » en 1900 et la liaison de plus de quatre ans qui s'ensuit, puis le départ un beau jour de cette femme le 1er août 1904, la fille naturelle née ensuite, l'absence de nouvelles pendant treize ans, le drame de la séparation et les vingt années passées à ne pas s'en remettre.

Je ne raconterai pas ces épisodes dans leur détail, parmi les plus connus de l'histoire littéraire française du XXe siècle. Au moins veux-je en retracer les moments.

La conversion à Notre-Dame

Une conversion, une vraie, ne s'interprète pas : c'est elle qui interprète le converti et son reste. Passons sur les périodes où il y a des conversions en masse, ou des conversions de mode ou d'époque.

À l'époque où Claudel est « revenu » à un catholicisme où il n'était jamais vraiment allé, elles n'étaient pas nombreuses, comme le souligne Gérald Antoine dans son *Paul Claudel ou l'Enfer du génie*, qui est un chef-d'œuvre. La vie littéraire française a connu ensuite les conversions opérées par les Maritain, de préférence sur des écrivains (dont quelques homosexuels) fascinés par la beauté de la messe. La vie littéraire contemporaine connaîtrait plutôt quelques conversions à l'islam, en général expiatoires de nos crimes coloniaux. Font davantage énigme les conversions au judaïsme. Celles au christianisme n'ont plus guère cours, à ma connaissance, dans les milieux littéraires, l'Église se contentant assez vite que le littérateur se borne à faire l'éloge du pape régnant.

Concevez qu'au temps de Claudel, se convertir, indépendamment d'aller à la messe et de pratiquer, imposait de faire maigre le vendredi, et donc de se faire remarquer des siens, ce jour-là. C'est presque ce que lui a demandé le premier prêtre de Saint-Médard auquel il s'est adressé en 1889, et qui l'a fait fuir. Ce lui fut intolérable : le respect humain, il l'a tenu pour l'un des plus grands obstacles à la foi, à cause de la honte qu'il suscite dans un entourage indifférent ou anticlérical, et ce n'est pas à des analystes lacaniens que je rappellerai ce qu'il en est de la honte, et combien la cure analytique produit des effets semblables.

Ce que Claudel appelle « une fissure dans mon bagne matérialiste » est peut-être pour nous difficile à saisir, puisque nous vivons, si j'ose dire, dans le contraire. Il faudrait autant de courage aujourd'hui à un penseur pour être l'équivalent de Renan qu'il en fallut à Claudel pour se dire alors catholique.

J'aurai cependant la grossièreté de distinguer dans la première conversion de Notre-Dame, celle qui fait un effet de miracle, son aspect symbolique ou imaginaire (comme vous voudrez), et son aspect de réel.

Une conversion « vraie », comme j'ai dit (hallucinatoire ou non, peu importe), est de l'ordre du réel, comme les dieux. Le sujet s'exprime ainsi :

« Je suis né le 6 août 1868. Ma conversion s'est produite le 25 décembre 1886. J'avais donc dix-huit ans […]. » Puis il évoque l'enfer de ces années ennuyeuses et tristes : « Je vivais d'ailleurs dans l'immoralité et peu à peu je tombai dans un état de désespoir. »

« Tel était le malheureux enfant qui, le 25 décembre 1886, se rendit à Notre-Dame de Paris pour y suivre les offices de Noël. Je commençais alors à écrire et il me semblait que dans les cérémonies catholiques, considérées avec un dilettantisme supérieur, je trouverais un excitant approprié et la matière de quelques exercices décadents. C'est dans ces dispositions que, coudoyé et bousculé par la foule, j'assistai, avec un plaisir médiocre, à la grand-messe. Puis, n'ayant rien de mieux à faire, je revins aux vêpres. Les enfants de la maîtrise en robes blanches et les élèves du petit séminaire de Saint-Nicolas-du-Chardonnais, qui les assistaient, étaient en train de chanter ce que je sus plus tard être le *Magnificat*. J'étais moi-même debout dans la foule, près du second pilier à l'entrée du chœur à droite du côté de la sacristie. Et c'est alors que se produisit l'événement qui domine toute ma vie. En un instant mon cœur fut touché et *je crus*. Je crus, d'une telle force d'adhésion, d'un tel soulèvement de tout mon être, d'une telle conviction si puissante, d'une telle certitude ne laissant place à aucune espèce de doute, que, depuis, tous les livres, tous les raisonnements, tous les hasards d'une vie agitée, n'ont pu ébranler ma foi, ni, à vrai dire, la toucher. J'avais eu tout à coup le sentiment déchirant de l'innocence, de l'éternelle enfance de Dieu, une révélation ineffable [1]. »

À ces enfants de la maîtrise en robe blanche, Claudel attribuera sa conversion : « Vous savez ce qu'a été pour moi la maîtrise des enfants de chœur de Notre-Dame. C'est à eux que je dois ma conversion [2]. »

Peut-être avant même de faire figurer la Vierge Marie, faut-il tenir comme point de réel cette identification, ou plutôt, cette vision d'un objet absolument singulier, quoique pluriel, cette Cantoria asexuée, ou, si vous voulez, garçonnière, mais pure, cette pureté en acte chantant le *Magnificat*, et l'*Adeste fideles* qui le suivit.

1. Paul Claudel, « Ma conversion », *Contacts et circonstances*, in *Œuvres en prose*, Gallimard, coll. « Bibliothèque de la Pléiade », 1965, p. 1008-1010.

2. Paul Claudel, Lettre à Marie Romain-Rolland, citée in Gérald Antoine, *Paul Claudel ou l'Enfer du génie*, Robert Laffont, 1988, p. 67 (abrégé ci-après en *G. A.*).

Ainsi : « Quant à moi, le jour de Noël, c'est cette idée poignante de la pureté, de l'innocence, de la simplicité parfaite, qui m'a converti pour toujours. »

Voilà pour le réel, qu'on pourrait appeler : « l'éternelle enfance de Dieu ». À noter que c'est Noël, et non Pâques, qui convertit Claudel : le Dieu enfant, non le crucifié, et, sans doute, l'enfant sous le regard de la Mère, la Mère et l'enfant, la Vierge me semblant tenir la place de l'Autre dans cette affaire.

Mais en même temps, car un si fort point de capiton où une existence va désormais s'arrimer ne peut se dispenser de se nouer, chez quelqu'un que nous tiendrions volontiers pour un grand hystérique, et non pour un psychotique, à sa provision de symbolique et d'imaginaire : le *Magnificat* (ce cantique d'action de grâces de la Vierge dans saint Luc) et l'*Adeste*, l'ouverture au hasard, mais en deux endroits, de la Bible une fois rentré chez soi.

À partir de là, quatre ans seront nécessaires pour plier, nouer l'imaginaire et le symbolique à ce réel : j'entends par là que Claudel, converti dans le réel, va continuer à errer dans le symbolique (l'appartenance à l'Église, la fréquentation des sacrements), et dans l'imaginaire (la vocation poétique, la méfiance à l'égard de tous ces croyants stupides et répugnants, la honte).

Fait nœud, donc, aussi, la Bible ouverte au hasard en rentrant chez lui :

– dans le Nouveau Testament, il tombe sur les pèlerins d'Emmaüs, qui indique, vous le savez, la rétroaction de l'interprétation, et il l'interprétera comme la désignation de sa vocation d'exégète ;

– dans l'Ancien Testament, le chapitre VIII du Livre de la Sagesse :

« C'est elle que j'ai chérie et recherchée dès ma jeunesse ;
je me suis efforcé de l'avoir pour épouse
et suis devenu l'amant de sa beauté, etc.[1]. »

1. *G. A.*, p. 68.

Un chrétien, si peu versé qu'il soit alors dans les Écritures, saura vite que cette figure de la Sagesse, elle préfigure (pour les chrétiens) la Vierge Marie, puis l'Église.

Quatre ans se passent, dans l'angoisse, parce que la cause du désir est là, toute proche, et que le jeune homme persiste à s'en écarter de toutes ses forces ; parce qu'il pense en outre que l'Autre lui demande sa castration, en l'occasion le sacrifice de sa vocation poétique. « Je dois dire que je fis une belle défense et que la lutte fut loyale et complète. [...] Ce fut la grande crise de mon existence [1]. »

Ne pas céder sur son désir prend pour lui la forme d'une coexistence sans lien, d'un dénouage entre la certitude que Dieu existe comme l'éternel enfant, malgré tous les doutes qui l'accompagnent, mais va peut-être lui demander le sacrifice de son désir de poésie (j'appelle ainsi faute de mieux la cause de son désir, qui lui fera dire, à lui, et à ses personnages : « J'étais un homme de désir [2] », comme à écrire *L'Homme et son Désir*, scénario de ballet écrit à Rio de Janeiro en 1917).

Vous comprendrez alors qu'au nom du réel (je manipule à coups de marteau ces catégories, dont l'articulation ne me semble pas tout à fait inefficace pour mon propos), Claudel est dès lors, pour une écoute analytique, pour nous, un converti (peu importe d'ailleurs ce qu'est un converti), mais pour un esprit progressiste comme Henri Guillemin, qui juge en fonction d'une honnête Église, Claudel est une espèce de menteur, parce qu'il ne va pas tout de suite à confesse, et cela malgré toute l'affection qu'il porte à Claudel, qu'il connaît et qu'il interroge.

(Il en va de même pour Péguy, que Guillemin préfère en tant qu'il peut le tenir pour un homme de

1. Paul Claudel, « Ma conversion », *op. cit.*, p. 1011.
2. Paul Claudel, *Partage de midi*, in *Théâtre*, t. I, Gallimard, coll. « Bibliothèque de la Pléiade », 1965, p. 1024.

gauche, mais Péguy vit dans le péché avec une femme qu'il ne songe pas trop à épouser.)

C'est qu'il faut pour Claudel se livrer sans doute à une espèce de calcul, de pari d'un autre style que celui de Pascal dans son dialogue avec Dieu : ce n'est pas le pari sur l'existence de Dieu, puisque Dieu existe, en toute certitude, la preuve ontologique par l'enfance ayant eu lieu ; seul un dieu démuni, innocent, pur, peut exister, or le Dieu de Noël et de Notre-Dame est tel, donc il existe. Le pari porte évidemment sur le sacrifice auquel il va lui falloir consentir. Que demande-t-il ? D'aller à la messe ? Facile ! Claudel y va de plus en plus souvent, jusqu'à y aller pour finir tous les jours. De prendre de l'eau bénite ? je suppose qu'il le fait aussi. Reste évidemment la confession, c'est-à-dire le renoncement au péché ? Mais lequel ? L'irréligion, « l'ignorance de sauvage » où il dit qu'il est de la religion : facile à combler. Le désespoir ? La crise ? En principe, les choses devraient s'arranger au contact du Dieu suprêmement enfant. N'oublions pas non plus que la conversion a été comme préparée, préfacée par la découverte des *Illuminations* de Rimbaud et de *Une saison en enfer*, cette année-là, qui le délivrent de Mallarmé, qu'il appelle avec mépris « M. Stéphane Mallarmé, professeur au lycée Condorcet [1] ». Là-dessus, nous ne savons rien, sauf que Claudel dit : « Je vivais d'ailleurs dans l'immoralité et peu à peu je tombai dans un état de désespoir [2]. »

Le dégoût qu'il a de lui-même suffit sans doute pour que nous n'ayons pas besoin de lui supposer ni de grands vices, ni de grandes débauches, ni de grandes exactions. Nous ne pouvons pas même lui prêter de liaison coupable, sauf, étudiant, une idylle, ou une aventure, peut-être, avec une Polonaise repartie en Pologne (où elle fut jugée et pendue), qui le laisse « vierge ou à peu près » (expression arrachée

1. *G. A.*, p. 71.
2. « Ma conversion », *op. cit.*, p. 1009.

par Guillemin), état qui sera suivi, après la conversion de 1890, par dix ans de chasteté parfaite, comme il le dira à Massignon. *Avis rara.* Il faut, je crois, accorder une grande importance à ce fantasme de pureté, dont vous devinez bien qu'il va au-delà de la pudibonderie. Le tabou de la virginité chez Claudel concerne, d'ailleurs, je crois, plutôt le garçon que la fille.

Mallarmé avait pu, aux yeux mêmes de Claudel, et bien qu'il se sépare de Mallarmé en cette fin de siècle, monter en épingle une figure positive, poétique de la virginité, en embellir le tabou : le « vierge aujourd'hui » du Cygne et l'horreur d'être vierge d'Hérodiade. La Vierge Marie venant elle-même accomplir ce qui manque à ces figures païennes.

La lutte enfin conclue par la victoire de l'ange, ou de Dieu, Claudel s'incline et la nuit de Noël de 1890, date symbolique, communie à Notre-Dame après s'être confessé. Cette répétition de la conversion de 1886 se fait donc dans le sein de l'Église, et en tant que telle, elle n'en est que le résultat. Mais ne faut-il pas aller plus loin ? C'est que dans l'ordre du sacrifice, il s'agit encore d'éprouver l'Autre jusqu'au bout, c'est-à-dire jusqu'au sacerdoce. D'où un séjour à Saint-Martin-de-Ligugé, en 1900, après le premier voyage en Chine. Reste donc ce qui va faire l'enjeu du pari ; la vocation poétique. Dieu demande-t-il de renoncer à cela, c'est-à-dire à ce que Claudel peut nommer son désir ? Avec le matérialisme ambiant et désolant, en effet, Dieu n'a même pas à entrer en conflit, mais avec la vocation poétique, le drame est absolu : si l'Autre demande le sacrifice de mon désir lui-même. Le névrosé, dit Lacan, « croit que l'Autre demande sa castration [1] ».

« Il est probable que si j'avais demandé d'une manière vraiment ferme de rester à Ligugé, j'y serais resté, mais le cœur me manquait, et ce sacrifice du

1. Jacques Lacan, *Écrits*, Le Seuil, 1966, p. 826.

don principal qui constituait sans doute ma vocation personnelle était sans doute trop grand pour mes forces[1] » (Lettre à Massignon, 1908).

«… le tragique est que cet appel de Dieu ne s'est pas traduit par une vocation simple ; le jour où je l'ai essayée, je n'ai pas été nettement repoussé et j'ai dû depuis ce jour m'accommoder de ce compagnon faux, imbécile, grotesque, souillé, menteur[2]… »

Sur ce point, je suis encore Gérald Antoine, qui fait preuve d'une rare pénétration[3].

Car du point de vue du réel, sans doute, à Ligugé, Dieu répond-il non à celui qui vient lui proposer ses services :

« Deux fois, à Ligugé et à Lourdes, et d'une manière plus forte encore par la convulsion des quatre années où il m'a permis de tomber, Dieu m'a signifié que j'avais le devoir de rester dans le monde, il a choisi lui-même et m'a amené l'épouse [Mme Claudel] qu'il voulait pour moi[4]. »

Mais du point de vue imaginaire ou symbolique, le sacrifice semble trop dur. Bien plutôt les choses se renversent en quelque sorte : car le *non* supposé est peut-être d'ordre fictif, imaginaire, en revanche, le désir de ne pas être prêtre, mais poète, c'est lui à présent qui vient faire fonction de réel, en face d'une réponse indéchiffrable de l'Autre. Le message sous une forme inversée (ce que Claudel énonce avant Lacan de cette façon : « Dieu nous parle par les prières que nous lui adressons ») ne sera donc pas : « Tu es prêtre pour l'éternité selon l'ordre de Melchisedech » (pour reprendre la formule consacrée), mais « tu seras mon poète », non *« Tu es sacerdos in æternum »*, mais *« Tu vates eris »*, à charge à toi de me restituer la Création tout entière.

1. *G. A.*, p. 74.
2. Lettre à Marie Romain-Rolland (1943), *G. A.*, p. 74 – confidence plus facile à une femme, sans doute.
3. *G. A.*, fin du chap. II et début du chap. III, p. 70.
4. Lettre à Suarès, *G. A.*, p. 141.

Claudel se réfère d'ailleurs souvent à cette catégorie de restitution ; ainsi dans sa définition du vers : « Le vers composé d'une ligne et d'un blanc est cette action double, cette respiration par laquelle l'homme absorbe la vie et restitue une parole intelligible[1]. »

Mais du même coup, il risque, ayant renoncé à devenir prêtre, ou n'ayant pas dit oui, ou ayant en vérité dit non, de se placer dans la dimension d'une existence manquée, d'une vocation faussée, presque d'imposture. Avec cette différence d'avec l'Imposteur de Bernanos, que si Cénabre l'est du fait de continuer à faire le prêtre sans y croire, l'imposture de Claudel consisterait à se croire prêtre sans oser l'être. Nous ne nous arrêterons pas là. Non que Claudel n'ait le sentiment de quelque chose de faussé qui fait que même lorsqu'il se marie, il caresse l'idée qu'il finira quand même curé : « En dépit de tout, j'ai une espèce d'idée, si burlesque que cela puisse paraître, que je ne finirai pas autrement que prêtre. » Il écrit cela le 5 août 1906, et il vient de se marier le 15 mars !

D'où, dans *Partage de midi*, l'allusion que Mesa en fait à Ysé :

« Je n'ai pas été repoussé. Je me suis tenu devant Lui.

Comme devant un homme qui ne dit rien et qui ne prononce pas un mot […]

Or je voulais tout donner,

Il me faut tout reprendre. Je suis parti, il me faut revenir à la même place […]

Mon Dieu, sans autre attente que vous seul qui ne voulez point de moi,

Avec un cœur atteint et une force faussée[2]. »

Or ce qu'il fait dire ici à Mesa, il le lui fait dire justement à Ysé, à cette femme rencontrée sur le bateau. C'est à elle cette fois-ci qu'il s'adresse, non à Dieu qui se tait. À elle pour lui soumettre sa question.

1. « Sur le vers français », in *Œuvres en prose*, *op. cit.*, p. 32.
2. *Partage de midi*, *op. cit.*, p. 1002.

Ce qui nous amène enfin à la question annoncée : la question de la femme. Ce que j'ouvre par la phrase de Lacan, plus que jamais de circonstance : « Et pourquoi ne pas interpréter une face de l'Autre, la face Dieu, comme supportée par la jouissance féminine[1] ? »

La femme enfin

Il ne faut pas ici se déprendre d'une invincible impression qu'on a lorsqu'on fait la connaissance – c'est le mot – de Claudel : il semble qu'il croie à La femme, et si La femme n'existe pas, comme nous l'avons appris depuis, alors il se trompe. Voilà ce que je voudrais examiner.

Lorsque Pierre Claudel faisait des conférences sur son père – c'est une famille, vous savez, dont presque tous les membres ont pour activité de gérer interminablement la gloire de Paul ou le destin de Camille – il disait, lorsqu'il arrivait à l'épisode qu'on appelle encore de son nom de théâtre, celui d'Ysé, quelque chose comme : « C'est alors que mon père fait la connaissance de *la* femme, la rencontre de *la* femme. » Cela ne rassurait personne.

Et pourtant l'énoncé « Claudel rencontre La femme » se trouve être, si vous me permettez, une expression bien formée.

Citons encore Gérald Antoine : « Ainsi n'est-elle pas *une* femme comme les autres : elle est toutes les femmes en puissance – autrement dit son rôle est d'incarner LA femme[2]. » Mais si le théâtre de Claudel est un théâtre digne d'intérêt, il nous faut supposer que c'est justement cette fonction du *la* qu'il lui importera de liquider.

La femme prend donc l'image et la ressemblance de cette Rosalie Vetch, polonaise, née Rosalia Scibor

1. Jacques Lacan, *Séminaire*, livre XX, *Encore*, Le Seuil, 1975, p. 71.
2. *G. A.*, p. 70.

de Rylska, femme de Francis Vetch, dont elle eut six enfants (il lui reste alors quatre fils) déjà vue à Fou-Tcheou, où Claudel est consul, en août 1899, retrouvée sur ce bateau, l'*Ernest-Simons*, sur lequel il s'embarque pour ce second voyage en Chine le 19 octobre 1900. Elle est là avec son mari et ses enfants. Dans le récit qu'elle fera à sa fille – celle qu'elle aura de Claudel –, elle aura étrangement tu, ou omis, ou oublié la présence de son mari sur ce bateau. Le quatrième personnage de cette structure en quatuor, John W. Lintner, ne semble pas avoir été là, contrairement au gouverneur Castagné, qui en tient lieu en attendant. Quand Rosalie quittera Claudel en 1904, c'est Lintner, rencontré sur le bateau de retour, ou ailleurs, dont elle deviendra la maîtresse, et c'est sans doute avec lui qu'elle accouchera de Louise, la fille de Claudel (en 1904 ou 1905), lui qu'elle épousera et dont elle aura un fils. (Elle aura donc eu au moins huit enfants, à qui Claudel, généreux, trouvera presque tous des postes après l'aventure.) Voilà donc Ysé, De Ciz, le mari, Mesa, bientôt l'amant, Amalric, le second mari après l'aventure. Tous noms choisis parce qu'ils signifient le partage et la division ! Elle, son nom pour Claudel sera Rose, et partout où apparaît chez lui le nom de la rose (*Cantate à trois voix*, *Cent phrases pour éventail*, etc. ; Y*sé*, P*r*ouhè*ze* ne sont-ils pas des anagrammes de Rose ?), il faut savoir déchiffrer son chiffre. Elle sera sans doute devenue sa maîtresse à Fou-Tcheou, et Claudel s'est d'ailleurs installé avec elle chez lui, au vu et au su du mari. L'aventure est donc transposée, plutôt transférée dans *Partage de midi*, j'entends par là qu'on peut repérer avec précision les déplacements et condensations que lui fait subir l'œuvre.

À cette aventure, si on laisse de côté les correspondances privées, maintenant connues, Claudel fait une allusion directe dans ses *Entretiens* avec Amrouche, liaison qui a longuement été tue, ou atténuée, ou évoquée abstraitement, qu'on ne trouve que vaguement évoquée dans le *Claudel par lui-même* de Paul-André

Lesort, dont Henri Guillemin refuse de parler, qui est maintenant du domaine public, et sur laquelle Gérald Antoine a donné enfin le plus grand nombre de renseignements possibles en 1989.

Notre époque de biographies incongrues, répugnantes, où valets et femmes de chambre rivalisent de sottise et d'abjection sur Brecht, Marguerite Duras, etc., s'étonnera peut-être qu'on fasse tant d'histoire sur le secret de ce chrétien après tout adultère, qui ne s'en est guère caché, jusqu'à proférer avec une sorte de triomphe, dans la deuxième des *Cinq Grandes Odes* :

« Et moi aussi, je l'ai donc trouvée à la fin, la mort qu'il me fallait ! J'ai connu cette femme. J'ai connu l'amour de la femme.

J'ai possédé l'interdiction. J'ai connu cette source de soif[1] ! »

En vérité, je ne crois pas que l'enjeu soit de puritanisme à propos de Claudel. Il ne s'agit pas de révéler enfin la conduite d'un grand hypocrite, mais d'accommoder le regard sur quelque chose d'assez énigmatique en définitive : un chrétien apparemment authentique et qui se vante de son péché, qui reprend à l'envi le *felix culpa* (« *O felix culpa, quæ talem ac tantum meruit habere redemptorem !* ») de l'*Exsultet* de Pâques, qui s'arrange même pour le mettre en évidence, ce chrétien fait au moins deux pièces entières sur son aventure. On dira qu'il y avait les *Confessions* de saint Augustin, avec tous les récits de pécheurs repentis écrits pour l'édification des Nations. Mais ici, il y a plus : c'est sur le théâtre que le poète se représente, il en jouit presque en littérateur français (de la NRF, ne l'oublions pas, quelque haine qu'il ait contre ses confrères demeurés dans l'Hexagone) et il fabrique en outre une fin pieuse à une aventure qui ne s'est pas terminée comme il le dit. Il lui feint, à la lettre, un autre dénouement.

1. Deuxième des *Cinq Grandes Odes*, in *Œuvres poétiques*, Gallimard, coll. « Bibliothèque de la Pléiade », 1965, p. 245.

Et un chrétien qui a fini par consentir à ce qu'on le représente par personne interposée de son vivant sur le théâtre, qui ne se privait pas de revivre intensément le drame de cette liaison lorsqu'il assistait à une répétition ou à une représentation, qui s'amusait à des comparaisons entre Edwige Feuillère et son modèle. Personne n'est jamais allé si loin, au théâtre, dans cette sorte d'exhibitionnisme, sauf sans doute Strindberg, mais dans la psychose. Tchekhov, Sartre, Genet, Beckett, Brecht, quelle pudeur, en comparaison ! Le théâtre ici constitue le lieu, la scène spécifique du cas Claudel.

(À ce sujet, une réflexion de Louise Vetch, la fille naturelle de Claudel, à propos du *Soulier de satin* de Vitez, racontée par Jany Gastaldi : elle voit Ludmila Mikaël, qui joue Prouhèze, prendre un instant ses valises en main, et déclare, identifiant sa mère et le personnage : « Jamais ma mère n'aurait ainsi porté ses bagages ! »)

En vérité, Claudel attend sans doute *la* femme, mais à la place exacte de *la* femme, si c'est *la* femme qui vient, c'est aussi *une* femme, c'est aussi *cette* femme.

La, une, cette

L'aventure amoureuse de Paul Claudel est la patiente et impatiente, fulgurante et lente, terminable et interminable déclinaison des fonctions grammaticales possibles de l'article défini, de l'article indéfini et de l'adjectif démonstratif.

Les énoncés qui suivent en font foi :

– « Ce goût de la femme en moi » (expression citée de mémoire), ou encore :

– « Je m'aperçois que pendant vingt ans, depuis *Partage de midi*, je n'ai cessé d'avoir eu cette sourde obsession de la femme, et c'est maintenant seulement que je ne l'ai plus que j'ai pu commencer à prier avec la ferveur et la simplicité d'un petit enfant[1]. »

– « Il a demandé Dieu à une femme et elle était capable de le lui donner, car il n'y a rien au ciel et sur la terre que l'amour ne soit capable de donner ! » (La Lune, faisant parler Prouhèze elle-même, dans *Le Soulier de satin*[2].)

– « Pourquoi cette femme ? Pourquoi la femme tout d'un coup sur ce bateau[3] ? »

– Reprise dans le dernière version de *Partage* (1949, à l'âge de quatre-vingt-un ans) : « Je demande pourquoi cette femme ? Pourquoi cette femme tout à coup avec art sur le bateau, précisément à ce moment qu'il fallait ?

« Qu'est-ce qu'elle vient faire avec nous ? Est-ce que nous avions besoin d'elle[4] ? »

– Et dans la version pour la scène du *Soulier de satin* : « J'accuse cette femme qui n'est apparue à mon bord que pour se moquer de moi

« Et pour me montrer une dernière fois ce visage qu'elle a décidé à jamais de me refuser[5] ! »

Le La générique

La femme n'existe pas. *Une* femme existe (c'est la définition de « une »). *Cette* femme aura existé (pour moi). Ce que révèle le Séminaire *Encore*, qui est de 1972-1973, avec *Télévision*, qui est de 1974. *La* femme n'existe pas depuis au moins 1973.

1. Lettre à Ève Francis (l'actrice qui créa Cygne de Coûfontaines de *L'Otage*) du 17 août 1926, *G. A.*, p. 104.

2. *Le Soulier de satin*, fin de la deuxième journée, in *Théâtre*, Gallimard, 1965, t. II, p. 780.

3. *Partage de midi*, *op. cit.*, première version et version pour la scène, « Cantique de Mesa », p. 1050.

4. *Partage de midi*, *op. cit.*, p. 1218.

5. *Le Soulier de satin*, *op. cit.*, version pour la scène, deuxième partie, scène IX.

Mais une remarque s'impose : il n'est pas évident que l'énoncé de Lacan « *La* femme n'existe pas » sature dans sa formulation tout usage de l'article défini. Il arrive à Lacan de dire *la* femme sans la barrer, non que *la* femme, au sens où il dit qu'elle n'existe pas, puisse quand même exister, non. Encore que, certes, l'homme puisse *la* vouloir, et croire par là *la* faire exister. Ce que vise Lacan, c'est le La qui serait tout. Qu'est-ce que cet usage de l'article ?

Je ferai référence à une analyse de l'article défini que je tire de l'ouvrage de Jean-Claude Milner, *De la syntaxe à l'interprétation*, et dont je ne crois pas qu'elle ait guère été utilisée sur ce sujet[1].

Il rappelle que « les grammaires usuelles classent les emplois de ce qu'elles appellent articles en emplois génériques et emplois non génériques :

« 1. Emplois *génériques* : y apparaît essentiellement *le* [*la*]

[La responsabilité des exemples m'incombe, avec toutes les erreurs qui en découleraient.]

« "*Le* cheval est un équidé."

« "*La* jument est la femelle du cheval." »

Il ajoute :

« Avec une interprétation analogue, quoique différente : *un* et *les* existent aussi :

« "*Un* cheval est un équidé, à la différence du chien."

« "*Les* chevaux sont des équidés." »

J'avoue avoir été longtemps troublé par un usage du défini qu'on trouve dans *La Ville* de Claudel (fin du premier acte de la première version) :

« Jusqu'à ce que le soleil couleur de foie

« Aille sous terre, à l'heure qui est aimée du cheval aux trente-quatre côtes. »

Je croyais que ce *le* (« du » = « de le ») désignait par là un cheval célèbre pour cette anomalie, un cheval mythologique en somme, comme on dit le chien à trois têtes, qui est Cerbère, jusqu'à ce que je com-

1. J.-C. Milner, « Sur la morphologie de quelques déterminants nominaux », in *De la syntaxe à l'interprétation*, Le Seuil, 1978, p. 23 *sq.*

prenne dans une illumination que le cheval, avec *le* générique, a justement trente-quatre côtes. Tant il est vrai que Claudel aime à jouer des articles.

« 2. Emplois *non génériques* :

« *a*) emploi défini : c'est le rôle spécifique de *le, la, les* : on distingue deux formes :

« – défini *anaphorique* : l'article renvoie à un segment déjà mentionné.

« "J'ai un cheval et une jument. *Le* cheval est un alezan, mais *la* jument est baie."

« – défini *cataphorique* : l'article annonce une relative ou un génitif :

« "J'ai aimé un cheval. Qui était-ce ?" (Saint John Perse) ; "*Le* cheval que j'ai aimé" ; "*Le* cheval de l'Aga Khan". »

Aucun problème avec les usages non génériques de *la femme* :

« Il y avait sur le bateau un homme et une femme. *La* femme avait un rocking-chair » (anaphorique).

« *La* femme qui est dans mon lit n'a plus vingt ans depuis longtemps » (cataphorique).

« *La* femme du boulanger » (cataphorique).

« *La* femme de César ne doit pas même être soupçonnée » pose déjà quelques problèmes : s'agit-il de *cette* femme de César, celle qu'il songe à répudier parce que Clodius l'a surprise aux Mystères, ou de toute femme de César, qui doit être irréprochable (*cf.* « *La* femme de Bill Clinton ne veut pas témoigner contre son mari » *vs* « *La* femme du Président des États-Unis est la seule à ne pas pouvoir témoigner contre son mari »).

L'usage générique reste donc le suivant :

« *L'*homme et *la* femme » ;

« Le Palais de *la* femme » ;

« *La* femme sous sa jupe, de son joli frou-frou » (chanson connue).

Le problème selon Lacan porte évidemment sur l'usage *générique* :

« *La* femme est l'avenir de l'homme. » C'est ce *La* qu'il barre, mais, attention, qu'il lui faut poser avant de le barrer, et pour le barrer.

Le premier texte clair à cet égard est celui du *Séminaire*, livre XX (chapitre VI) :

« Quand j'écris $\overline{\forall x}\ \Phi x$, cette fonction inédite où la négation porte sur le quanteur à lire pas-tout, ça veut dire que lorsqu'un être parlant quelconque se range sous la bannière des femmes c'est à partir de ceci qu'il se fonde de n'être pas-tout, à se placer dans la fonction phallique. C'est ce qui définit la… la quoi ? – la femme justement, à ceci près que *La* femme, ça ne peut s'écrire qu'à barrer *La*. Il n'y a pas *La* femme puisque – j'ai déjà risqué le terme, et pourquoi y regarderais-je à deux fois ? – de son essence elle n'est pas toute. […] C'est un signifiant, ce *la*. C'est par ce *la* que je symbolise de marquer la place, qui ne peut rester vide. Ce *la* est un signifiant dont le propre est qu'il est le seul qui ne peut rien signifier, et seulement de fonder le statut de *la* femme dans ceci qu'elle n'est pas toute. Ce qui ne nous permet pas de parler de La femme [1]. »

La majuscule de *La* indique donc, non pas l'allégorisation d'un signifiant, comme « La République », « La Mort », « L'Espérance », « Hercule entre Le Vice et La Vertu », mais simplement l'usage générique. Ce que Lacan désigne exactement comme « l'article défini pour désigner l'universel ». Or, si on le suit, ce sont les formules de la sexuation, et donc la négation du $\forall$, du quantificateur universel, qui l'enjoint à ne pas écrire *La* femme en général, à ne pas le dire, à barrer le *La*. C'est ensuite que la négation du quantificateur existentiel l'enjoint à dire que non seulement le tout ne peut s'appliquer à la femme en général : la femme (n')est pas-toute, mais non plus à aucune femme particulière : aucune femme n'est toute. Et,

1. Jacques Lacan, *Séminaire*, livre XX, *Encore*, *op. cit.*, p. 68.

par voie de conséquence : une femme n'est pas toute (on barrerait donc ce *une* s'il s'avérait qu'il équivalût à un *la*), et, de même : cette femme n'est pas-toute, puisque aucune femme ne l'est.

Mais à quelle clinique cela correspond-il ? De quelle clinique Lacan fait-il ici la logique, puis la grammaire ?

De la vérité suivante (je rappelle le passage de *Télévision*[1]) :

« Peut-on dire par exemple que, si L'homme veut La femme, il ne l'atteint qu'à échouer dans le champ de la perversion ? C'est ce qui se formule de l'expérience instituée du discours psychanalytique. Si cela se vérifie, est-ce enseignable à tout le monde, c'est-à-dire scientifique, puisque la science s'est frayé la voie de partir de ce postulat ?

« Je dis que ça l'est, et d'autant plus que, comme le souhaitait Renan pour "l'avenir de la science", c'est sans conséquence puisque La femme n'existe pas. Mais qu'elle n'ex-siste pas, n'exclut pas qu'on en fasse l'objet de son désir. Bien au contraire, d'où le résultat. »

C'est exactement le cas de Claudel.

« Moyennant quoi L'homme, à se tromper, rencontre une femme, avec laquelle tout arrive. »

C'est encore le cas de Claudel.

« Soit d'ordinaire ce ratage en quoi consiste la réussite de l'acte sexuel. »

C'est toujours le cas de Claudel.

« Les acteurs en sont capables des plus hauts faits, comme on le sait par le théâtre. »

C'est, ô combien, le cas de Claudel !

Au point qu'on dirait que ce texte est une allusion à Claudel. Il n'en est rien. Il suffit qu'il y ait drame d'amour ou comédie d'amour sur le théâtre pour que tout cela se vérifie.

1. Jacques Lacan, *Télévision*, Le Seuil, 1974, p. 60.

À propos de l'homme, Mesa déclare au début à Ysé : « J'ai quitté les hommes », et Ysé lui rétorque aussitôt :

« Bah !

« Vous emportez toute la collection avec vous [1]. »

Eh bien ! Toute la question est là : Ysé emporte-t-elle avec elle toute la collection des femmes, même si elle dit : « Tous les êtres qu'il y a en moi [2]. » Est-elle *la* femme ?

Milner s'interroge sur la fonction du générique dans l'interprétation du groupe (nominal, par exemple) qu'il introduit. En général, dit-il, les linguistes recourent à la logique. Et, dans notre cas, il est clair que c'est la logique du tout et du pas-tout qui conduit Lacan à barrer le *La* devant *La* femme (de même qu'il substitue une logique du fantasme à la grammaire du fantasme selon Freud). Mais le problème est que les logiciens, dit Milner, ne se sont guère intéressés au générique. Ils l'ont ramené au défini (« *le* cheval que je monte », et non « *le* cheval, la plus noble conquête de l'homme »). Se pose donc l'interprétation sémantique de ce *le*.

Il commence donc par noter qu'une unité lexicale hors emploi n'entretient en principe aucune relation avec un segment de réalité quelconque, qui serait son référent. Ainsi, *jument*, défini comme femelle du cheval, ne désigne aucune jument de la nature. Toutes, certes, mais aucune en particulier. Et pourtant, cette unité lexicale « détermine déjà, dit il, le type des segments de réalité possible qui peuvent ou non, moyennant un acte d'énonciation [c'est le « qu'on dise » de Lacan], être désignés par elle [...]. Il est associé à cette unité lexicale, à ce "nom" un ensemble de conditions, imposé d'avance à tout segment de réalité possible, et que ce dernier doit satisfaire pour qu'il y ait référence. » C'est le sens de l'unité lexicale.

1. *Partage de midi*, *op. cit.*, acte I, p. 999.
2. *Ibid.*, p. 996.

Ainsi, *jument* désigne un être animé, désignable, définissable, distinguable dans la nature, etc., entre les objets, les êtres inanimés, les animés, minéraux, végétaux, animaux, équidés, chevaux, femelles, etc.

Or on sépare d'ordinaire le sens et le référent. (C'est même ce qu'on apprend dès qu'on s'initie à Saussure.) Quoique, comme le souligne Milner, « le sens d'une unité lexicale ne subsiste, comme simplement connaissable, que par la relation qu'il entretient à l'ensemble des segments de réalités possibles, dont il définit le type ». Autrement dit, notre connaissance des juments réelles donne sens au mot que nous utilisons à leur endroit, au point même qu'au cours de l'histoire de l'humanité (pour suivre par exemple le Rousseau du *Discours sur l'origine des langues*), cet animal aura pu d'abord être appelé gros mouton, grosse brebis, grosse chèvre, par quelques primitifs, avant que, la pensée sauvage aidant, ainsi que l'apprivoisement, les juments réelles n'en aient appris davantage à l'humanité sur ce que leur nom désignerait. Aujourd'hui, le sens lexical pourrait même s'enrichir d'une définition chromosomique, inédite jusqu'ici.

Aussi Milner introduit-il les concepts de référence virtuelle pour désigner le sens, et de référence actuelle pour désigner la désignation. (La virtuelle reste dans le dictionnaire, dirons-nous, et la réelle est associée à un groupe nominal.)

De ce point de vue, *femme* doit obéir au même système que *jument* : « Être humain du sexe qui conçoit et met au monde les enfants », dit par exemple *Le Petit Robert*, définition assez subtile, et, en un sens circulaire (*la* femme est du sexe de la mère : quel est ce sexe ? le sexe féminin !) Toute femme, toutes les femmes dont on parlera seront référence actuelle de cette définition virtuelle.

Ce n'est pas fini, car Milner remarque cependant que « le nom en emploi générique ne se confond pas avec l'unité lexicale hors emploi ». « La jument », dans une phrase générique telle que « la jument est la femelle du cheval », ne se confond pas avec « jument » dans le dictionnaire. Il y a seulement coïncidence entre l'une et l'autre, en ce que tout ce que je pourrai apprendre d'actuellement valide sur la jument existante pourra entrer dans le *sens* de la jument virtuelle du dictionnaire.

La différence entre les deux est la *marque*.

Mais cette coïncidence révèle que le générique n'est donc qu'un marqueur, qui indique justement ce passage de la référence virtuelle à la référence actuelle. Le générique indique donc la propriété sélectionnelle du nom (la jument), et si la sélection n'a pas lieu, ou encore si je *mentionne* le terme sans en faire *usage*, alors le générique n'apparaît pas : ainsi, dit-il, dans les citations et dans les locutions adjectivales.

Citation : « jument ». Je dirai par exemple : « jument désigne la femelle du cheval » (plutôt que « la jument... »).

Locution adjectivale : « de fer, de bois ». Ainsi une table « de bois », et non « du bois », quoique je puisse dire, en sélectionnant : « le bois est une matière végétale. Etc. »

J'énoncerai l'hypothèse que l'opération effectuée par Lacan, consistant à poser le générique *La* pour le barrer aussitôt devant l'unité lexicale « femme » revient à fracasser, *à barrer toute coïncidence possible entre la référence virtuelle et la référence actuelle*.

Entendons-nous bien, « femme » en un sens non psychanalytique, non lacanien, non « sexuel », garde tous les droits de n'importe quelle unité lexicale, mais, au sens où Lacan écrit, selon ses formules logiques de la sexuation, cet *x* qui se voit alors assigner le signifiant femme, il semble bien que la référence virtuelle se voie séparée de toute référence actuelle possible, puisque justement la logique lui dénie la notion même de « tout référent possible ». La référence virtuelle « femme » ne peut donc dès lors que s'utiliser avec le défini anaphorique ou cataphorique, et évidemment avec l'indéfini :

– « *La* femme d'en face », « c'est *la* femme que j'ai rencontrée », « c'est *une* femme qu'il a rencontrée », etc. ;

– mais non avec le générique, sauf à le barrer aussitôt, c'est-à-dire l'instant d'après l'avoir écrit.

Le nom « femme » n'a donc pas du tout la même extension que le générique : le sens du signifiant « femme » hors contexte désigne bien quelque sujet possible de la sexuation féminine, voire un sujet à la sexualité féminine, mais son extension ne peut être parcourue : *la* femme, toute femme, toutes les femmes. Le prédicat « femme » (« femme » comme prédicat : « c'est une femme ») est alors très spécial, puisqu'il ne peut s'appliquer qu'à un sujet différent à chaque fois, ce que Lacan appelle prendre les femmes (multiplicité inconsistante) une par une.

À propos du pluriel, on notera cette réplique de Marthe dans *L'Échange* :

« *Marthe* : M'aimes-tu, Laine ?

Louis Laine : Toujours cette question que font les femmes !

Marthe : Les femmes ? Quelles femmes ?

Louis Laine : Est-ce que tu n'es pas une femme aussi ?

Marthe : Une femme aussi ? Il n'y a pas de femmes [1] ! »

Mais ici, elle nie le pluriel pour garder le singulier.

S'il s'avérait que la rature du *La* rejaillît sur l'unité lexicale, cela n'irait pas au point que femme n'ait aucun sens. La psychanalyse maintient l'idée qu'il y a bien un œdipe spécifique de la petite fille (ou du moins que son complexe d'Œdipe suit son complexe de castration), mais transforme la question freudienne, qui a un sens : *Was will das Weib* en la question lacanienne, qui en a un autre : « Que veut une femme ? » À condition qu'on s'aperçoive que cette modification pourrait fort bien ne rien changer, dans la mesure où l'indéfini fonctionne ici

1. *L'Échange*, première version, acte I, in *Théâtre*, t. I, p. 664.

comme un générique ! (Cas prévu par Milner. Ainsi : « Un voisin sait tout. » Plus difficile : « Une femme est une femme ! »)

Mais il ne faut pas que la rature en vienne à barrer le signifiant lui-même, et à faire conclure comme un journal italien que cite Lacan que si *La* femme n'existe pas, alors les femmes non plus (*le donne*) n'existent pas, et donc « femme » a le même sens que « licorne ». Car si je dis « la licorne n'existe pas », vous entendez que *les* licornes non plus, sauf dans la fiction. Aussi bien, malgré les apparences, la rature ne porte-t-elle que sur le *La*.

On peut donc être conduit à trois ou quatre positions, ou solutions grammaticales, sur la question-femme :

1. « Femme » est dénué de sens. C'est le mot qui n'a aucun sens, et donc on ne peut rien en dire, femme mystérieuse, inatteignable, insensée. Théologie féministe négative, dont on n'a pas attendu le féminisme (mais quand ce dernier a-t-il débuté ? Au moins dès Aristophane) pour le rencontrer. La littérature en fourmille. La femme est folle, toute femme est folle, « Souvent femme varie, bien fol qui s'y fie », etc. ;

2. Mais « femme » peut aussi, barré de son *La* générique, n'avoir plus d'usage que citationnel : « femme » n'est que la mention de son nom, tout usage en est impossible. On barre donc le *La* qui la précède simplement pour signaler, comme si ce *La* faisait fonction de guillemets, que la phrase « La femme n'existe pas » signifie exactement « ce qu'on dit *la* femme n'existe pas », soit : « La "dite femme" n'existe pas. » On retrouve l'énoncé de Lacan sous la forme « on la diffame » : « Pour que l'âme trouve à être, on l'en différencie, elle, *la* femme, et ça d'origine. On la *dit-femme*, on la *diffame*. Ce qui de plus fameux dans l'histoire est resté des femmes, c'est à proprement parler ce qu'on en peut dire d'infamant [1]. » On ne peut que la

1. Jacques Lacan, *Encore*, *op. cit.*, p. 79.

diffamer dès qu'on parle d'elle : *la fameuse femme* source de tous les maux ! La femme fatale. On en retrouvera l'écho chez Claudel ;

3. Ou bien on sera restreint à la locution adjectivale *de fer, de bois, de femme* ; on ne pourra plus dire que : parfum de femme, ce goût de femme, ou le passage du génitif au partitif ; il y a *de la femme* dans l'homme (banalité sur la bisexualité), comme *du pain* ou *du miel.*

Il n'y a pas *La* femme, il n'y a que *de* la femme ;

Comme chez Claudel : « ce goût de la femme en moi », avec l'équivoque : « ce goût que je ressens pour la femme », ou « ce goût de femme que je dégage lorsqu'on me flaire » (une sorte de pousse-à-la femme qu'on rencontre très souvent dans son œuvre. Tête d'or à Cébès : « Enfant, femme, frère, compagnon, tout l'homme ! moi et toi[1] ! »)

4. Mais il y a encore une solution, qui consiste à virer le générique au singulier : *La* femme au sens où il n'y en a qu'une. Je crois d'ailleurs que c'est l'un des sens courants des lacaniens : l'homme qui désire *La* femme sera celui qui croit qu'il n'en existe qu'une, *La* par excellence, La Dame de l'amour courtois. Je tiens cependant que ce n'est qu'une version (la perversion) de l'énoncé « La Femme (en général) n'existe pas », « il n'en existe qu'une, il n'existe que Ma Dame ». Il est clair que va dans ce sens l'interprétation qu'on donnera de certaines données mythologiques et religieuses, concernant par exemple les déesses : la Déesse Mère, Cybèle, la Diane du *Bain de Diane* de Klossowski, la « madone des sleepings », mais évidemment aussi : la Vierge Marie du romantisme allemand, chez Novalis, à la fin du *Faust* de Goethe, et, peut-être à de certains moments, chez Claudel.

Jungfrau, Mutter, Königin,
Göttin, bleibe gnädig !
Alles Vergängliche
ist nur ein Gleichnis ;

1. *Tête d'or*, in *Théâtre*, *op. cit.*, t. I, p. 86.

das Unzulängliche,
Hier wird's Ereignis ;
Das Unbeschreibliche,
Hier ist's getan ;
Das Ewig-Weibliche
Zieht uns hinan[1].

(Sans préjuger d'une analyse plus fine de *Faust*, on peut soutenir que le sens est : oui, ici, *la* femme existe, et elle est absolument toute. C'est tout de même au prix qu'elle passe au neutre : *das Ewig-Weibliche.*)

Réglons tout de suite un point pour Claudel : tenons que la triple identification, la trinité claudélienne déjà rencontrée, de la Vierge Marie, de la sagesse de l'Ancien Testament et de l'Église, porte *La* femme au paradigme : *La* femme existe, je l'ai rencontrée à Notre-Dame, et elle me tiendra lieu de femme pendant le long exercice de ma chasteté. Position courtoise en un certain sens, médiévale, etc. C'est la rencontre d'une femme sur le bateau qui l'aurait délivré de cette croyance en *La* femme allégorique.

À noter cependant que le christianisme n'est ni une religion primitive, ni un évhémérisme, ni une doctrine romantique : la théorie des quatre sens de l'Écriture est précisément là pour différencier ; une fois qu'on a dit que la sagesse préfigure la Vierge qui symbolise l'Église, etc., la distinction du sens allégorique et du sens littéral a pour résultat essentiel de ne pas les confondre ; la Vierge n'est *littéralement* pas la Sagesse et elle n'est *littéralement* pas l'Église. Le Christ n'est pas le même que Moïse.

(Il en va ainsi de Béatrice dans *La Divine Comédie*, dont Gilson montre qu'à la différence de la Rose du *Roman de la Rose*, et de quelques symboles ou allégo-

1. Goethe, fin du *Second Faust* (trad. Henri Lichtenberger, Aubier-Montaigne, 1984) : « Vierge, Mère, Reine, / Déesse, reste-nous propice ! / Tout ce qui passe / n'est que symbole ; / L'Imparfait / ici trouve achèvement ; / L'Ineffable / Ici devient acte ; / L'Éternel-Féminin / Nous entraîne en haut. »

ries dont certains dantologues l'affectent, elle est une femme réelle, et n'est pas *La* femme.)

Le problème est alors le suivant : si Claudel a rencontré « la » femme, *celle* du bateau, il ne cesse pas pour autant de croire ni à l'intercession de la Vierge, ni à la révélation de la Sagesse, ni à l'Église, et il ne prend pas Ysé pour elles. Il n'est pas de ces jeunes catholiques qui cessent de croire dès qu'ils ont tiré leur premier coup (la première communion antichambre du dépucelage, comme le conseil de révision l'était du bordel).

Mais il croit d'abord qu'il rencontre, au-delà ou en deçà de cette femme sur le bateau, qui l'entraîne donc dans la perdition, *la* femme au sens maléfique. En voici un exemple qui ne trompe pas. Dans la première version de *Partage de midi*[1] :

« Pourquoi cette femme ? pourquoi la femme tout d'un coup sur ce bateau ? »

Et plus loin :

« C'est l'œuvre de la femme, qu'elle la garde pour elle, et pour moi je m'en vais ailleurs. »

Ici, ce n'est pas la Vierge Marie ! C'est la grande prostituée de l'Apocalypse, la Bête, etc. Et en vérité, au travers de l'expression *la femme*, prise de la façon la plus pieuse, comment ne pas entendre chez ceux qui l'utilisent cette haine profonde, raciale, pour ce que Lacan a pu appeler à la fin de sa vie « l'autre espèce », racine de la misogynie éternelle (par opposition à l'expression qu'il lui arriva d'utiliser dans l'intimité : « ces animaux-là »). C'est la version du péché entré dans le monde par la femme, qui perdure dans la croyance commune, laquelle oublie pourtant, que, selon la bonne doctrine, c'est en Adam que tous ont péché, non en Ève (au point que saint Thomas, qui n'était pas, lui, misogyne, se demande si, Ève ayant péché sans qu'Adam eût péché – par exemple, elle lui aurait fait ingurgiter du fruit défendu pendant son sommeil –, le péché originel serait entré dans le monde, et il répond – que dis-je ! – il démontre que non).

1. *Partage de midi*, « Cantique de Mesa », *op. cit.*, p. 1050.

Comment ne pas entendre que la formule de Lacan « La femme n'existe pas » a voulu mettre aussi un terme à cette racine de la misogynie qu'on trouve dans des inventions comme : « la Journée de *La* femme », la seule dans l'année, symbolique, parce que le mâle a peur que la femme lui demande sa castration !

Comment ne pas entendre plus généralement que dans « le palais de la Femme », cher à l'Armée du Salut (il se trouve encore rue de Charonne à Paris) c'est *la femme* qu'on va enfin sauver en la faisant œuvrer pour les pauvres, et qu'en la coiffant du fameux bonnet de l'Armée, on l'empêchera d'être la prostituée que, par nature, elle n'eût pas manqué d'être ?

Comment ne pas entendre que dans la formule (progressiste) utilisée par Aragon, « La femme est l'avenir de l'homme », le poète nous avoue qu'Elsa cessera d'être la dame d'un chevalier fortement homosexuel de la société bourgeoise, pour devenir l'autre nom du Parti dans la société enfin sans classes !

Mariage et prédestination

Nous dirons donc qu'Ysé aura appris à Mesa à cesser de vouloir la femme, à le faire échouer dans la perversion (sans doute, s'il faut en nommer une, le sadomasochisme ou l'exhibitionnisme-voyeurisme), même si le but à atteindre est, dès la première version, énoncé sous la forme d'une délivrance à l'égard de ce sadomasochisme :

« La voici enfin consommée

« La victoire de l'homme sur la femme et l'entre-possession

« De l'égoïsme et de la jalousie [1]. »

Mais il est tout aussi clair que la croyance en *la* femme a pu prendre chez Claudel la très singulière forme allégorique, qu'on trouve dans sa poésie, fortement déclarée, et dans ses textes en prose ou confi-

1. *Ibid.*, p. 1055.

dences, considérablement atténuée, voire traitée avec humour, d'une théologie de la prédestination entre un homme et une femme, donc entre cet homme et *cette* femme, et, au-delà, à titre de fantasme, entre l'homme (mais une seule valeur sature alors cette fonction) et *la* femme (et une seule valeur en sature aussi cette autre fonction). Par quoi son théâtre, quand il aborde ce point, porte à son acmé la tradition qui va de l'amour courtois au théâtre classique français, lequel est une dramaturgie du couple, et de rien d'autre. C'est ce que Claudel appelle la re-connaissance (de soi dans et par l'autre), la reconnaissance du partenaire qui vous était prédestiné par Dieu de toute éternité.

(On raconte même un mot de Claudel à sa femme lorsqu'il s'est marié ; car une fois que *cette* femme, Rose, l'eut quitté, son devoir de chrétien lui intima l'ordre impérieux de ne pas rester seul – « il n'est pas bon que l'homme soit seul », selon la leçon de la Genèse –, et il alla demander aussitôt en mariage la mère de ses futurs enfants, autrement dit celle que, comme dirait Lacan, « le populaire appelle la bourgeoise[1] », Mme Claudel donc, avec une sorte de précipitation de hussard : « On voit, écrit-il à sa belle-sœur le 12 août 1906, que vous n'êtes pas rassurés à l'égard du monsieur qui a apparu un beau matin dans la famille et qui après des fiançailles aussi courtes qu'orageuses vous a enlevé l'une des vôtres et l'a emportée au bout du monde[2]. » Il lui aurait donc dit qu'elle serait sa femme sur terre, mais que dans le ciel la place était déjà prise. Trait d'autant plus significatif s'il est faux, légendaire.)

Il n'y a pourtant pas, dans la tradition chrétienne – je crois qu'on chercherait en vain – le moindre fond pour étayer une thèse aussi saugrenue, sauf à recourir à la fatalité de *L'Amour et l'Occident*. Rappelons-nous d'abord l'Évangile où les sadducéens soumettent au Christ la question de savoir, dans le cas d'une femme

1. Jacques Lacan, *Encore*, *op. cit.*, p. 69.
2. *G.A.*, p. 142.

qui a épousé successivement sept frères tous morts les uns à la suite des autres, de qui elle sera la femme lors de la Résurrection (à laquelle, ne tenant que pour le Pentateuque, les sadducéens ne croient pas), le Christ répond (Mt, 22, 23 ; Mc, 12, 18 ; Lc, 20, 27) : « Les enfants de ce monde-ci prennent femme ou mari ; mais ceux qui auront été jugés dignes d'avoir part en l'autre monde et à la résurrection d'entre les morts ne prennent ni femme ni mari ; aussi bien ne peuvent-ils non plus mourir, car ils sont pareils aux anges… »

Claudel avait emporté en Chine, sur le conseil de son confesseur, les deux Sommes de saint Thomas d'Aquin (ce Docteur avait été proclamé patron des universités catholiques par Léon XIII en 1880, et Pie XI le saluera comme chef des intellectuels en 1923), et sa gloire (dont on retrouve encore, je pense, les effets chez Joyce comme chez Lacan) venait au moins de là. Or, malgré ma trop rapide investigation, il ne me semble pas que saint Thomas aborde le problème d'une prédestination quelconque entre un homme et une femme. Certes, le mariage est indissoluble, mais la mort le dissout, à plus forte raison quand il n'y a pas de mariage ! Saint Thomas ne se pose guère que la question de savoir « *utrum omnes resurgent in eadem aetate* », et il répond que tous ressusciteront « *in juvenili aetate* », et « *utrum omnes resurgent in sexu virili* », et qu'il est meilleur de dire que chacun des deux sexes ressuscitera, mais que, « quoi qu'il y ait alors une différence des sexes, fera cependant défaut la confusion qui résulte de voir l'autre sexe, car manquera la *libido* qui incite aux actions honteuses [1] ».

1. Saint Thomas d'Aquin, *Somme théologique*, IIIa pars, *Supplementum*, Q ; LXXX, 1 et LXXX, 3 (nous traduisons). Encore la partie de la *Somme théologique* consacrée à ces questions, tout à fait à la fin, n'est-elle pas de lui, mais la compilation après sa mort par ses disciples, Reginald de Piperno entre autres, de réponses données par lui ailleurs. On se rappelle l'allusion que Lacan fait à l'anecdote selon laquelle, incapable d'achever cette Somme, saint Thomas près de mourir considère toute son œuvre *sicut palea*, comme du fumier.

(J'avais même lu, mais je n'ai pas retrouvé le passage, et je l'ai peut-être rêvé, que, compte tenu de ce que je viens de citer, et comme les corps seront nus, les organes sexuels serviront seulement d'ornement [*ad ornamentum*].)

Il arrive alors à Claudel, qui conserve par-devers lui la croyance secrète à cette prédestination sexuée, de tenter de l'attribuer au Dieu chrétien, sans en avoir d'autre preuve qu'une amoureuse intuition.

« Et la manière essentielle justement de se connaître c'est l'amour. On dirait que Dieu a voulu que la clé de notre personne, cette clé essentielle que nous cherchons de tous côtés sans réussir à la trouver, quelquefois il arrive que nous sentions d'une manière absolument irréfragable, sans que nous puissions y contredire, c'est qu'elle se trouve dans une autre personne, sans que nous ayons moyen de la réaliser. »

La séparation est donc nécessaire, mais il arrive aussi à Claudel d'aller en chercher le fondement chez Platon, ce qui est un comble.

« Dans *Partage de midi*, cette clé a été trouvée par les deux personnages, mais elle n'a été créée qu'aux dépens, si je puis dire, de leur réunion : il fallait en se séparant qu'ils arrivent à trouver que cette clé semble, en somme, s'ajuster. Et la situation est un peu la même dans *Le Soulier de satin* : sinon qu'au lieu que ce soit une séparation en ce monde, c'est une séparation dans le monde futur [*sic.* Je crois que Claudel veut dire l'inverse], et que c'est à la condition de cette longue patience, de cette longue étude qu'ils feront l'un de l'autre, précisément à cause de la séparation qui leur est imposée, qu'ils arriveront à constituer cet être complet que prévoyait déjà Platon somme toute, à sa manière, et dans laquelle un être n'est complet qu'en étant deux en un, qu'en se servant de chacun pour être lui-même [1]. »

1. *Mémoires improvisés*, 39e entretien, p. 340.

Et il lui arrive aussi, faute de pouvoir se référer au christianisme, d'aller chercher ailleurs. Ainsi, dans *Le Poète et le Shamisen* :

« *Le poète* : C'est de la sylve sacrée de Ysé que tu veux parler ?

Le Shamisen : À quoi t'unissait avant ta naissance la destinée, le Karma.

Le poète : Je ne suis pas bouddhiste [1]. »

Reste que, ne fût-ce que pour la dénier, il évoque cette hypothèse, qui lui est chère, et que nous appellerons l'hérésie de Claudel.

Partage de midi

Relevons ici et là dans le revers qu'est ce drame de *Partage de midi* qui raconte l'avers de l'aventure de Claudel quelques déclinaisons du défini, de l'indéfini et du démonstratif.

Mesa nous est présenté par Amalric à Ysé comme un jeune homme rude, ayant en lui « Une grande semence à défendre ». Claudel écrira à Massignon, à qui il se confie intimement (parce qu'il compte sur lui pour poursuivre, lui, sa conversion jusqu'au sacerdoce) : « J'avais alors trente-deux ans, l'âge vraiment critique, et les deux premiers actes de *Partage de midi* ne sont qu'une relation exacte de l'aventure horrible où je faillis laisser mon âme et ma vie, après dix ans de vie chrétienne et de chasteté absolue [2]. »

Mention est d'abord faite par Ysé à Amalric d'une algarade que Mesa lui a faite : « Et il m'injuriait de tout son cœur à voix basse », ce qui se passa réellement entre Claudel et cette femme, jugée par lui sans retenue et sans pudeur.

Lorsque Ysé se présente à Mesa, elle parle tout de suite de l'amour, qui demande qu'on perde connaissance :

1. *Œuvres en prose*, *op. cit.*, p. 830.
2. *G. A.*, p. 120.

« Le sommeil d'Adam, vous savez ! c'est écrit dans le catéchisme. C'est comme ça qu'on a fait la première femme.

« Une femme, dites, songez un peu ! tous les êtres qu'il y a en moi ! Il faut se laisser faire… »

Elle a bien dit « une femme », et non « la femme », n'est-ce pas ? et donc « tous les êtres qu'il y a en moi » peut vouloir dire qu'elle est *multiple*, et non pas *toute*, justement.

Mais lui :

« Mais tout l'amour n'est qu'une comédie

« Entre l'homme et la femme ; les questions ne sont pas posées. »

Il lui dit encore :

« Et je ne veux rien de vous : qu'auriez-vous à faire de moi ? Qu'y a-t-il entre vous et moi[1] ? »

On se rappelle que c'est la réponse du Christ à sa mère au moment des noces de Cana (Jn, 2, 4), dont l'expression littérale : « Quoi de toi à moi ? » (sémitisme : « Quoi à toi et à moi ? » *cf.* Jg, 11, 12) veut dire : « Que me veux-tu ? » lorsqu'elle lui demande de trouver une solution au vin qui manque et qu'il va faire le miracle de changer l'eau en vin, mais dont je ne suis pas sûr que, conformément aux traductions et interprétations alors en usage dans les milieux catholiques, la phrase ne fût lue : « Qu'y a-t-il de commun entre vous et moi ? » (traduction de Lemaître de Sacy, par exemple). Mesa comme le Christ supérieur et Ysé comme la Vierge ou l'Église ? Hum !

Claudel relie alors symboliquement la femme et l'enfant :

« J'ai eu tort, j'ai eu tort.

« De causer et de… et de m'apprivoiser ainsi avec vous,

« Sans méfiance comme avec un aimable enfant dont on aime à voir le beau visage,

1. *Partage de midi*, *op. cit.*, p. 996 et 999.

« Et cet enfant est une femme… »

Mesa se confie à Ysé, Ysé inaccessible, mariée, lui-même habité par le Christ intérieur qui ne le lâche jamais (« Mais supposez quelqu'un avec vous / Pour toujours [1]… »), l'amour est donc impossible entre eux, mais elle conclut :

« Je suis celle que vous auriez aimée [2]. »

Et aussi :

« Si vous m'appelez par mon nom […]

« Il y a une femme en moi qui ne pourra pas s'empêcher de vous répondre.

« Et je sens que cette femme ne serait point bonne

« Pour vous, mais funeste, etc. [3]. »

Amalric revient, on parle du mari, et : « Est-ce que vous l'aimez », demande Amalric, et Ysé va jusqu'à dire (c'est à noter) :

« Je suis un homme ! Je l'aime comme on aime une femme ! *(Elle rit aux éclats.)* »

Elle se met, en bonne hystérique, dans la position de l'homme, c'est sûr, et sait ce que c'est que la jouissance phallique :

« J'aime un homme qui est un seul homme et qui a dans le dos un gros os dur. » C'est $\exists x\ \overline{\Phi x}$!

Plus loin, sur l'amour :

« La femme qui a trouvé à qui se donner ! [défini cataphorique]. Et voilà comme le sot homme se trouve bien surpris avec lui de cette personne absurde [$\overline{\exists x}\ \ \overline{\Psi x}$…, absurdité de la moitié femme], de cette grande chose lourde et encombrante. Tant d'habits, tant de cheveux, quoi faire ?

« Il ne peut plus, il ne veut plus s'en défaire [4]. »

On passe alors la ligne de Suez, point de non-retour pour les quatre, et Mesa récite :

« La mer change de couleur comme les yeux d'une femme que l'on saisit entre ses bras. »

1. *Ibid.*, p. 1001.
2. *Ibid.*, p. 1003.
3. *Ibid.*, p. 1005.
4. *Ibid.*, p. 1008.

Amalric remarque : « Une femme ! Voilà une citation que je n'aurais pas attendue

« Du Mesa de mon premier voyage. Eh, eh ! il a passé Suez, lui aussi[1] ! »

L'acte se termine. Mais Suez et ce midi ne sont-ils pas là pour nous indiquer qu'on est passé de la femme idéale à la rencontre d'une femme réelle ?

L'acte II est visiblement inspiré par le second acte du *Tristan et Isolde* de Wagner, le long duo d'amour entre ceux qui deviennent amants, intercalé entre deux visites du mari.

Je ne m'arrête pas au détail de cette scène, l'une des plus belles de tout le théâtre, sauf à noter toujours quelques usages grammaticaux.

Mesa : « Il est vrai que vous n'êtes qu'une femme, ainsi moi je ne suis qu'un homme. »

C'est l'énonciation de la rencontre comme telle. Franchement, là, ni il ne la rencontre dans la perversion, ni elle L'homme dans la psychose !

Il lui faut alors la reconnaître multiple.

« Comment est-ce qu'il faut vous appeler ! Une mère, […]

« Et une sœur, […]

« Et une proie […] » (après l'inceste évoqué, la proie : l'objet *a*).

Puis le pronom démonstratif :

« Si tu es celle que j'aime. »

Dans cet acte, il semble bien que se soit confirmé le passage du générique au défini, à l'indéfini, au démonstratif de la rencontre, que l'expérience soit acquise que : *La* femme n'existe pas, que c'est Ysé qui existe, etc.

Ainsi, Ysé :

« Un homme entre les bras d'une femme, comme une chose par terre. »

Ainsi, Mesa :

1. *Ibid.*, p. 1012.

« Je n'ai langue pour t'appeler une femme, mais seulement que tu es présente, etc. »

Mais attention ! car ce qui est au bord de ressurgir, c'est le maudit *La*, marque du tout.

Car d'abord, il faut que Mesa annonce aussitôt à Ysé qu'elle est interdite, et que tout cela ne peut conduire qu'au malheur : « Ô chère chose qui n'est pas le bonheur ! » au point que c'est à elle de ranimer la flamme du tout :

« Je suis contente.

« Contente d'être tout

Pour toi, contente d'avoir tout pour moi[1]. » (Elle est le phallus, il a le phallus.)

Mais je voudrais insister sur une autre détermination : qui est qu'au-delà de la jouissance phallique, la célèbre Autre jouissance, qu'il semble qu'elle représente pour lui, il n'est pas du tout sûr qu'il ne veuille pas aussi la lui représenter à elle, l'exprimer, lui, pour elle.

D'où l'échange de positions entre les amants, qui semble un jeu de symétrie compensatoire, mais qu'il faut, je crois, interpréter plus précisément.

Cela est d'abord indiqué par une question d'Ysé, reprise de ce qu'elle avait dit à Amalric de sa position masculine à l'égard de De Ciz, son mari :

Ysé : « Et moi, est-ce que je suis un homme ? *(Elle rit aux éclats[2].)* »

C'est dans l'acte III surtout qu'ils vont échanger ces positions. Mais pourquoi ? Je vous prie d'abord de vous rappeler que cet acte ne suit plus l'histoire réelle (comme Claudel le dit à Massignon), que le poète réalise davantage son désir, son vœu, dans cet acte « fictif ».

Après quatre ans et plus de cette liaison tumultueuse à Fou-Tcheou qui défrayait la chronique diplomatique, Rose, enceinte, veut regagner Paris, et

1. *Ibid.*, p. 1025.

2. *Ibid.*, p. 1024. Elle avait dit, parlant de De Ciz : « Je suis un homme ! Je l'aime comme on aime une femme ! » *(Elle rit aux éclats.)*

elle quitte Claudel. Elle lui écrit encore un peu, puis elle devient la maîtresse de l'homme avec qui elle revient, John W. Lintner, le modèle d'Amalric, et elle veille, ou lui veille, à ce qu'aucune lettre ne soit plus envoyée à Claudel, à ce que ses lettres à lui lui soient renvoyées sans avoir été ouvertes. Je passe sur l'épisode de la poursuite en Belgique en compagnie du mari. À partir de là, treize ans de silence absolu, sauf une lettre qui traverse le monde, qu'il reçoit seulement en 1923, à Rio de Janeiro, la fameuse lettre à Rodrigue du *Soulier de satin* : alors, il fait sortir tout le monde de son bureau, se précipite dans le jardin qu'« il arpente interminablement » dans un état d'extrême agitation. Il apprend que Louise est née le 2 août (1904), et il reçoit deux autres messages datés de 1917 et 1918, dont l'un annonce que Louise va maintenant faire sa première communion. Il lit :

« Chaque année le sentiment de solitude devient en moi plus fort au lieu de diminuer depuis que je t'ai quitté [1]. »

Dans la lettre à Rodrigue, qui est « une légende entre les deux mondes », et qui est le fil dramaturgique de toute la troisième journée, on entend seulement Rodrigue dire : « C'est bien mon nom. C'est bien son écriture. Prouhèze il y a dix ans. *(Il ouvre la lettre et essaye de lire. Ses mains tremblent.)* Je ne peux pas lire [2]. »

Encore l'un de ces lambeaux de réel qui sont passés de la vie dans l'œuvre.

L'acte III de *Partage* est donc la consolation, la compensation idéale, l'invention de retrouvailles qui n'eurent pas lieu. C'est ici que *La* femme fait retour. On retrouve donc d'abord Amalric et Ysé qui vivent ensemble, et elle qui a accouché d'un fils de Mesa (dans l'histoire, Lintner a emmené Rose enceinte

1. *G. A.*, p. 188.
2. *Le Soulier de satin*, *op. cit.*, troisième journée, scène IX, p. 832.

d'une fille de Claudel, que ce dernier n'a donc pas vue).

Dans cette grande construction fictive, Ysé fait semblant de consentir à s'enfuir avec Amalric du lieu où une révolution chinoise va faire sauter les coloniaux européens, mais en fait elle vient le rejoindre conformément à sa prédestination, comme Isolde vient retrouver tout à coup Tristan mourant au troisième acte de l'opéra de Wagner. Elle explique donc à Amalric qu'elle a dû se sacrifier pour Mesa. Elle dit à Amalric :

« Mais je savais que je lui faisais du mal et je l'ai quitté. Oui, je me suis sacrifiée pour lui [1]. » La femme risque de devenir salvatrice, *la* femme qui est un cric, comme dira Prouhèze, qui accroche l'homme et l'élève pour le faire monter jusqu'à Dieu.

Mais nous devons là aussi nous aviser de l'étrange inversion, de l'échange des positions sexuées. Il arrive à Ysé de faire l'homme (conformément à son hystérie), comme il arrive aussi à Claudel de mettre son Mesa en position féminine. Pourquoi ? Que veut Mesa ? Ysé n'arrive pas à le saisir. Parce que c'est aussi en position mystique qu'il entend le placer : « C'est quelque chose de sérieux, sur quoi nous renseignent quelques personnes, et le plus souvent des femmes, ou bien des gens doués comme saint Jean de la Croix – parce qu'on n'est pas forcé quand on est mâle, de se mettre du côté du $\forall x\ \Phi x$. On peut aussi se mettre du côté du pas-tout. Il y a des hommes qui sont aussi bien que des femmes. Ça arrive. Et du même coup qui s'en trouvent aussi bien. Malgré, je ne dis pas leur phallus, malgré ce qui les encombre à ce titre, ils entrevoient, ils éprouvent l'idée qu'il doit y avoir une jouissance qui soit au-delà. C'est ça, ce qu'on appelle des mystiques [2]. »

Le fameux cantique de Mesa, auquel aucun acteur ne renonce volontiers (Barrault y a tenu mordicus, et

1. *Partage de midi*, *op. cit.*, p. 1040.
2. Jacques Lacan, *Encore*, *op. cit.*, p. 70.

Didier Sandre de même dans la mise en scène de Brigitte Jaques) met très précisément Mesa dans la position de la sainte Thérèse du Bernin : dialogue avec Dieu, jouissance débordante, encombrée cependant du phallus (« Le grand mâle dans la gloire de Dieu », etc.[1]).

C'est à cette exposition de soi que Claudel reconduit Ysé pour qu'elle accède à Dieu. Le secret d'une autre jouissance, c'est donc lui qui s'arroge le privilège d'en être le dépositaire.

« Il y a une jouissance à elle, à cette *elle* qui n'existe pas, dit Lacan, et ne signifie rien, sinon qu'elle l'éprouve – ça, elle le sait. Elle le sait, bien sûr, quand ça arrive. Ça ne leur arrive pas à toutes[2].) »

C'est à Mesa, donc, que j'attribue cette position dans son souci de conduire Ysé à Dieu, et même si, en d'autres passages, c'est elle qui est du côté féminin (mais, n'est-ce pas ? Ysé et Mesa sont des personnages de théâtre, fabriqués pour exemplifier tour à tour cette espèce « d'économie libidinale »). Seulement il y a plus de calcul que d'inconscience chez Mesa. C'est même précisément pourquoi Claudel se désidentifiera de lui par la suite. Ce calcul de l'autre

1. On pourrait d'ailleurs faire un commentaire sur la semence chez Claudel. Rappelez-vous : « Une grande semence à défendre », dit Amalric, en se moquant de lui. Mais rappelons-nous aussi que Claudel fait inscrire sur sa tombe à Brangues : « Ici reposent les restes et la semence de Paul Claudel. » Évidemment, il s'agit de la semence de la résurrection, mais d'abord, saint Thomas nous fait savoir que, si les organes sexuels sur les corps glorieux servent d'ornement, c'est aussi que le sperme, qui provient de la nourriture, ne s'écoulera plus de corps qui n'ont plus besoin d'en absorber (*Compendium theologiae*, chap. 156, *Opuscules théologiques*, 1, Vrin-Reprise, 1984 : « En outre, la liqueur séminale étant un produit de l'alimentation, l'usage des aliments cessant, celui des organes génitaux doit faire de même »). Il est clair que le signifiant « semence », que Claudel conserve jusque dans la mort, a quelque chose de la jouissance féminine, et non de la phallique, le phallus encombrant étant devenu liquide.

2. Jacques Lacan, *Encore*, *op. cit.*, p. 69.

jouissance, cette jouissance comme jouée, donc, Ysé les pressent :

« *Amalric* : Est-ce qu'il [Mesa] t'a aimée réellement ?
Ysé : Comme tu ne m'aimeras jamais. Et je l'aimais
Comme je ne t'aime pas, [...]
Mais avec lui c'était le désespoir et le désir, et un souffle tout à coup, et une espèce de haine, et la chair qui se retire, [...]
Un an cela dura ainsi et je sentais qu'il était captif,
Mais je ne le possédais pas, et quelque chose en lui d'étranger
Impossible.
Qu'a-t-il donc à me reprocher ? parce qu'il ne s'est pas donné, et moi, je me suis retirée.
Et moi, je voulais vivre aussi, et revoir ce soleil, [...] [1] »

C'est un autre passage d'*Encore* qui doit ici être invoqué, celui-ci :

« De sorte qu'on pourrait dire que plus l'homme peut prêter à la femme à confusion avec Dieu, c'est-à-dire ce dont elle jouit, moins il hait moins il est – les deux orthographes – et, puisqu'après tout il n'y a pas d'amour sans haine, moins il aime [2]. »

Mesa aime moins Ysé du fait qu'il veut lui imposer, sous couvert d'une jouissance autre, de prêter à Ysé de le prendre pour Dieu. Et c'est ce que Claudel, dans ses réécritures de la fin, tentera de déjouer. Il flairera le mécanisme pervers qui risque de s'insinuer dans cette exhibition : comme chez Angelus Silesius, « confondre son œil contemplatif avec l'œil dont Dieu le regarde, ça doit bien, à force, faire partie de la jouissance perverse ». Exhibitionnisme-voyeurisme de Mesa.

Angelus Silesius :

« Je suis de Dieu l'image ; s'il veut se regarder,
« Il ne le peut qu'en moi ou en qui me ressemble [3]. »

1. *Partage de midi*, *op. cit.*, p. 1040-1041.
2. Jacques Lacan, *Encore*, *op. cit.*, p. 82.
3. *Ich trage Gottes Bild ; wenn er will sich besehn, So kann es nur in mir und wer mir gleich geschehn* (*L'Errant chérubinique*, distique n° 105, trad. Roger Munier, Arfuyen, 1993).

Mesa s'écrie :

« Et dans un moment je vais Vous voir et j'en ai effroi

« Et peur dans l'Os de mes os !

« Et Vous m'interrogerez. Et moi aussi je Vous interrogerai !

« Est-ce que je ne suis pas un homme ? Pourquoi est-ce que vous faites le Dieu avec moi [1] ? »

C'est ensuite que *la* femme fait retour dans le texte déjà cité.

« Pourquoi,

« Pourquoi cette femme ? pourquoi la femme tout d'un coup sur ce bateau ? »

Puis :

« Si vous avez aimé chacun de nous

« Terriblement comme j'ai aimé cette femme, et le râle, et l'asphyxie, et l'étau [2] ! »

« Est-ce que c'est moi ? Cela de cassé,

« C'est l'œuvre de la femme, qu'elle le garde pour elle et pour moi je m'en vais ailleurs. »

Voilà *la* femme dont l'homme croit qu'elle lui demandait sa castration.

La pièce finit dans une espèce de transfiguration, en compagnie d'une figure maternelle, où se réunissent toutes les figures féminines, et la tentation serait forte de conclure à l'Éternel féminin.

Ysé ne dit-elle pas :

« N'aie point honte, petit Mesa ! C'est le plus vivant qui a le plus horreur

« De cesser de vivre ! Ô comme les hommes sont durs, et comme ils ont peur de souffrir et de mourir !

« Mais la femelle femme, mère de l'homme,

« Ne s'étonne point, familière aux mains taciturnes qui tirent.

« Vois-tu ? C'est moi maintenant qui te console et te réconforte [3]. »

1. *Partage de midi*, *op. cit.*, p. 1050.
2. *Ibid.*, p. 1051.
3. *Ibid.*, p. 1058-1059.

Antoine Vitez, dans sa mise en scène de *Partage*, montrait pour finir Mesa se traînant à genoux vers une Ysé debout comme une idole, et il est vrai que Claudel indique : « Ysé se lève et se tient devant lui, les yeux fermés, toute blanche dans le rayon de lune, les bras en croix. Un grand coup de vent lui soulève les cheveux [1]. »

Cette fois-ci, donc, elle est comme à la place de Dieu pour Mesa.

« La femme dont il s'agit est un autre nom de Dieu, et c'est en quoi elle n'existe pas [2]. »

C'est à ces exaltations transfiguratrices, très exaltantes pour les acteurs, que Claudel a tenté de remédier dans sa version pour la scène de 1947, mais l'opposition de Jean-Louis Barrault (tous deux se bagarraient comme deux camarades, amoureusement et férocement) a fait que cette version est une série de compromis dont Claudel se plaint dans ses *Entretiens*, et il se croira parvenu à ses fins dans sa dernière version, celle de 1948. Il est vérifiable que la suppression du Cantique de Mesa entend en finir avec la misogynie de Mesa, en lui réglant son compte : « Qu'est-ce que Mesa ? après tout un sale petit bourgeois, très égoïste, très sevré, très concentré sur lui-même [3]. » Cela donne le ton !

Dans le 25e entretien des *Mémoires improvisés* avec Jean Amrouche, Claudel dit : « Il n'y a rien qui m'exaspère davantage que ces rôles de drame ou de mélodrame, dans lesquels la femme trompe un homme et ensuite vient lui demander pardon, et alors l'homme est grand et généreux et lui pardonne généreusement. Eh ben je n'aime pas ça. Je trouve ça assez stupide et je trouve ça assez peu humain. Quand Ysé revient dans la dernière version, le premier mot qu'elle

1. *Ibid.*, p. 1060-1061.

2. Jacques Lacan, « Le synthome », *Ornicar*, n° 6, 18 novembre 1975, p. 5.

3. Lettre à Jean-Louis Barrault du 8 octobre 1948, cité in *Théâtre*, *op. cit.*, t. I, p. 1344.

dit, elle ne demande pas pardon, qu'est-ce qu'elle dit à Mesa ? Elle dit : « Je te pardonne. N'est-ce pas (*rire*), c'est elle qui donne pardon à Mesa, et il y a du vrai, parce que dans le fond, en le quittant, elle lui a rendu un immense service. Elle s'en rend compte, elle lui dit : tu vois que j'ai bien fait de te quitter, tu devrais me remercier [1]. »

Appelons cela carrément : traversée du fantasme de *la* femme, mais en sachant que cette longue analyse de Claudel se reconnaît, s'entend dans la tension qui commande les différentes versions du troisième acte.

Une parenthèse, tout de même. Vous devinez que Claudel n'aime pas la psychanalyse, confondue par lui avec l'introspection, et donc les rares allusions qui sont faites par lui à Freud sont négatives. L'une d'elles se trouve dans un dialogue étrange intitulé « Jules ou l'homme-aux-deux-cravates ». Jules, donc, qui est Claudel, n'aime pas Freud, mais le poète à qui il parle lui demande, à propos de la sexualité : « Cependant nierez-vous au fond de vous-même cette espèce de contamination sournoise ? »

La sexualité est considérée comme parasite, non comme nature. Suit une très étonnante évocation presque lacanienne de la sexualité, du sexe marqué par une malédiction : « Toute la vie n'est qu'une série de disputes avec ce locataire inexpugnable. » Et une vision du rapport entre les sexes comme impossible : « Tout de même ce serait gentil si au milieu de cette vie criarde il y avait quelquefois une trêve, un armistice entre les sexes, un lac de chant, une espèce de carnaval enchanté ! une espèce d'intervention lunaire, comme la lune qui nous débarrasse de notre réalité et donne à chacun de nous une légèreté et une allégresse de fantômes. » Cela donne sens au monologue de la lune dans *Le Soulier de satin*.

1. *Mémoires improvisés*, *op. cit.*, p. 225.

Le Soulier de satin

Je passerai vite sur tout *Le Soulier de satin* (Paris, mai 1919, Tokyo, décembre 1924).

Je pars de l'hypothèse suivante : afin de se déprendre, par un travail sur soi, de l'aventure dont il n'arrive pas à se remettre, Claudel au Japon invente une dramaturgie nouvelle qui va répondre aux conditions suivantes (bien entendu, c'est du résultat que je tire ces conditions) :

1. Abandonner la théologie trop facile de la *felix culpa*, ou plutôt lui donner un sens plus radical, au prix de priver les nouveaux « amants » de toute relation sexuelle ;

2. Du même coup, inventer l'inexistence du rapport sexuel comme telle, dont il parvient à faire le nœud même de son drame ;

3. Mais ne pas renoncer à l'amour interdit, sinon, il n'y a plus de drame, ou, si on veut, plus de passion, et donc plus de salut, ni de catharsis. C'est ici qu'il faut distinguer soigneusement le renoncement du sacrifice : Rodrigue et Prouhèze *sacrifieront leur amour précisément pour n'avoir pas à y renoncer.* On quitte donc le champ douteux, gnostique, antichrétien, de Tristan et Isolde qui ne s'aiment que dans la mort en renonçant à tout désir (l'un des thèmes essentiels de Wagner est celui, schopenhauerien, bouddhiste du renoncement au désir. Ce thème ira croissant de *Tristan*, au *Crépuscule des Dieux* et à *Parsifal*). Pour Claudel, renoncer à l'amour, ce serait avoir cédé sur son désir.

Du même coup, on y gagne du point de vue apologétique que le péché n'est pas consommé, quoique, conformément à l'Évangile, celui qui regarde la femme d'un autre a déjà commis l'adultère dans son cœur.

Prouhèze est d'abord mariée à Pélage (l'homothétique de De Ciz dans le nouveau quatuor), puis à Camille (l'homothétique d'Amalric), et, pourtant elle aime Rodrigue, comme Rodrigue aime Prouhèze. Le tour de force est de faire une pièce de quelque neuf heures sans que le héros rencontre jamais l'héroïne, sauf dans la grande scène du Pont arrière de la troisième journée, mais au moment où il renonce à elle et la sacrifie, alors qu'elle était prête à le suivre, revenant tout à coup sur sa propre décision du sacrifice. Dans la quatrième journée, Prouhèze est morte, et il n'y a donc pas de transfiguration de la réalité, comme dans le troisième acte de *Partage de midi*. C'est comme si Claudel représentait seulement sa vie dans l'absence pendant dix ans de la femme aimée. En outre, dans *Partage*, Ysé mettait au monde un fils de Mesa, qui meurt tout de suite pendant le troisième acte. Dans *Le Soulier de satin*, on revient à une fille, comme dans la vie, mais elle n'est pas de Rodrigue, elle est du Maure Camille. Seulement voilà, elle a été spirituellement élevée par Prouhèze on pourrait dire à l'image et à la ressemblance de Rodrigue. Elle considère donc Rodrigue comme son père. Étrange solution, que ne jugeront invraisemblable que ceux qui ne savent pas combien ce cas est plus fréquent qu'on ne pense – je ne l'apprendrai pas à des analystes – ni à tout lecteur de Lacan ayant appris à distinguer le père réel (Camille) et le père symbolique (Rodrigue).

Et le non-rapport est exprimé sous la forme suivante. Rodrigue vient lui rendre visite à Mogador, porteur d'ordres royaux, mais elle refuse de le recevoir, parce qu'elle est mariée avec Camille (n'oublions pas qu'il donne à ce Maure maudit, musulman amoureux de Prouhèze, et qui attend d'elle le salut, le nom masculinisé de sa propre sœur). Elle lui écrit un mot : « Partez. Je reste. » C'est plus tard qu'il recevra la lettre à Rodrigue. Rodrigue s'apprête, semble-t-il, à reprendre le bateau, mais :

« Comme cet homme passait sur le chemin de garde, se rendant à la demeure qu'on lui avait assignée,

« L'autre partie de moi-même et son étroit vêtement,

« Cette femme, tout à coup commença à le précéder sans qu'il s'en aperçût.

« Et la reconnaissance de lui avec elle ne fut pas plus prompte que le choc et la soudure de leurs âmes et de leurs corps sans une parole et que mon existence sur le mur.

« Maintenant je porte accusation contre cet homme et cette femme par qui j'ai existé une seconde seule pour ne plus finir et par qui j'ai été imprimée sur la page de l'éternité.

« Car ce qui a existé une fois fait partie pour toujours des archives indestructibles.

« Et maintenant pourquoi ont-ils inscrit sur le mur, à leurs risques et périls, ce signe que Dieu leur avait défendu [1]. »

Qui parle ? Cette chose que Claudel appelle « l'ombre double d'un homme et d'une femme, debout, que l'on voit projetée sur un écran au fond de la scène ».

J'insiste grossièrement sur ce « debout ». Il s'agit juste d'un enlacement, d'un baiser, comme elle le dira plus tard, peut-être rien d'autre que le désir de faire coïncider leurs ombres et de simuler par là un rapport sexuel impossible à écrire, en tentant de l'écrire quand même, mais justement, l'ombre proteste que cette écriture qui ne cessera jamais de s'écrire est celle-là même qui est impossible à écrire.

Certains universitaires claudéliens (il en pleut), qui croient évidemment aux rapports sexuels, tiennent qu'il y a là plus qu'un baiser, et que Prouhèze couche avec Rodrigue (« se donne à lui »). Cela est indéfendable. Je suis même sûr que Claudel ne veut pas rendre la chose indécidable, il décide au contraire de manifester l'impossibilité de la chose. De la chose interdite, qu'il est interdit d'écrire, et qu'ils ont quand même écrite ! On en a donc fini avec la comédie de *Partage* (le mari, la femme et l'amant, plus l'autre amant !), on est plutôt dans la tragédie où on peut remarquer qu'en général, le rapport sexuel est, lui

1. *Le Soulier de satin*, *op. cit.*, p. 776-777.

aussi, impossible (*Antigone*) ou alors incestueux (*Œdipe*).

Ce dont témoignent tant de tragédies grecques et toute la tragédie classique française (et ce par quoi je tiens *Le Soulier de satin* non pas pour une pièce baroque, contrairement à l'impression foisonnante qu'elle donne, mais pour une tragédie classique au sens de Corneille et de Racine).

Temps de l'aliénation qu'est cette ombre double, si vous voulez, à quoi succède le temps de la séparation, le long monologue de la Lune qui réunit les amants dans leur séparation même, puisque Prouhèze dort à présent dans Mogador, cependant que Rodrigue dort dans une barque sur l'océan, l'ayant quittée. Et c'est dans ce monologue que Claudel traite définitivement de cette affaire d'homme et de femme, sous la forme d'une grande dramaturgie de la séparation.

On est ici au cœur de la pièce, en son centre et à son sommet. L'idée dramaturgique provient d'une légende chinoise d'amants séparés : « Le sujet du *Soulier de satin*, c'est celui de la légende chinoise, des deux amants stellaires qui chaque année après de longues pérégrinations arrivent à s'affronter, sans jamais pouvoir se rejoindre, d'un côté et de l'autre de la Voie lactée [1]. »

Ce qui demeure de courtois dans cette histoire, c'est que les amants inventent non pas quelque épreuve supplémentaire où, comme dit Lacan, le rapport sexuel n'ayant pas lieu, on invente que c'est soi-même qui le diffère, non, ici, c'est le sacrement de mariage qui est mis à la place de l'impossible, le sacrement en tant qu'il interdit le rapport adultère. Or en ce point coïncident précisément le sacrement chrétien, le délai courtois indéfini et l'inexistence du rapport selon Lacan. C'est, je crois, ce qui constitue la réussite, l'effet incroyable, à la scène, de cette invraisem-

1. Allocution de Claudel le 23 mars 1944 sur *Le Soulier de satin*, *Théâtre*, *op. cit.*, t. II, p. 1476.

blable histoire, et à cette lente effectuation on reste accroché pendant des heures.

D'abord l'ombre double s'est disjointe sur le mur, comme dit la Lune, l'union des amants (ce terme doit évidemment être maintenu, malgré cette vérité que Prouhèze est mariée de son côté, tandis que Rodrigue vit seul du sien) ne sera plus manifestée que dans leur séparation même, ce qui s'énonce en paradoxes lumineux, où si c'est le phallus avec qui sont mariés l'homme et la femme, le phallus porte ici un nom propre : « Jamais. » Écoutez, dans ces sentences, la dialectique du *avec* et du *sans*.

« Jamais, Prouhèze ! »

« Jamais ! crie-t-elle, c'est là du moins lui et moi une chose que nous pouvons partager, c'est “jamais” qu'il a appris de ma bouche dans ce baiser tout à l'heure en qui [qui, et non quoi] nous avons été faits un seul !

« Jamais ! c'est là du moins une espèce d'éternité avec nous qui peut tout de suite commencer.

« Jamais je ne pourrai plus cesser d'être sans lui et jamais il ne pourra plus cesser d'être sans moi. »

Et, si j'ose dire, la position féminine est, cette fois, tout entière repassée du côté de Prouhèze, car c'est elle qui a la charge de la jouissance :

« Il a demandé Dieu à une femme [une femme, et non la femme] et elle était capable de le lui donner »...

Et de même, lui, à son tour : « C'est toi qui m'ouvres le paradis et c'est toi qui m'empêches d'y rester. Comment serais-je avec tout quand tu me refuses d'être autre part qu'avec toi[1] ? »

Tout est en un sens conclu dans ce monologue qui est ce que la Lune, qui seule parle, voit comme en dehors du temps : la séparation est consommée, et donc il ne reste plus aux amants qu'à renoncer publiquement l'un à l'autre dans la scène du pont arrière.

1. *Théâtre*, *op. cit.*, t. II, p. 778-779.

Cela n'empêchera ni Rodrigue ni Prouhèze, dans cette scène, de repasser en revue presque toutes les figures parcourues depuis le début, avec une solennité quelque peu hugolienne.

N'en est pas même exclue l'allusion à l'idée de la Femme éternelle, destructrice des Empires et affliction pour les hommes, lorsqu'il s'adresse sur le bateau à ses compagnons d'armes :

« Regardez-la, comme ceux-là qui de leurs yeux maintenant fermés ont pu regarder Cléopâtre, ou Hélène, ou Didon, ou Marie d'Écosse,

« Et toutes celles qui ont été envoyées sur la terre pour la ruine des Empires et des Capitaines et pour la perte de beaucoup de villes et de bateaux. »

Mais il change vite de style pour s'adresser soudain à elle :

« L'amour a achevé son œuvre sur toi, ma bien-aimée, etc.[1]. »

Il faut dire ici que Barrault avait trouvé cette scène pompeuse, que Claudel l'a simplifiée dans la version pour la scène, mais en exprimant avec plus de véhémence son ressentiment, non contre *la* femme, mais contre « cette femme ». C'est le passage cité plus haut : « J'accuse cette femme qui n'est apparue à mon bord que pour se moquer de moi [...]

« Mais viens maintenant, je vais te prendre par la main, Madame, viens avec moi, mon amour, viens, mes délices, viens, iniquité[2]. »

Dans ses *Entretiens* avec Amrouche, Claudel redit sa doctrine de l'Autre, qui est aussi sa doctrine du nom propre : « C'est pour ça que les procédés d'introspection recommandés par les anciens philosophes grecs : Connais-toi toi-même, et les procédés d'introspection de Proust, etc. me semblent absolument faux, parce que, si on se met à se contempler

1. *Ibid.*, p. 853.
2. *Ibid.*, p. 1097.

soi-même, on n'arrive à rien, n'est-ce pas… à rien ! Notre vie est basée sur le néant, comme dit le Psaume.

« Mais au contraire, c'est la vie, ce sont les contacts avec l'existence, ce sont tels êtres que nous rencontrons qui, tout à coup, produisent en nous les choses que nous étions loin d'attendre ; choses qu'on voit par exemple dans mon drame le *Partage de midi*, où Mesa ne serait rien s'il ne rencontrait pas cette femme qui seule connaît son véritable nom ; et le secret de son âme, de sa propre existence n'est pas chez lui, il est chez cette femme qu'il a rencontrée sur le bateau. Et c'est ça qui manifeste son intérêt : *Dis-moi ton secret, dis-moi le nom que j'ai, que toi seule connais*, et qu'elle-même ne connaîtra que par le contact avec les gens[1]. »

Ainsi, Ysé dira dans *Partage* :

« Vous savez que je suis une pauvre femme et que si vous me parlez d'une certaine façon,

« Il n'y a pas besoin que ce soit bien haut, mais que si vous m'appelez par mon nom,

« Par votre nom, par un nom que vous connaissez et moi pas, entendante,

« Il y a une femme en moi qui ne pourra pas s'empêcher de vous répondre[2]. »

Cette doctrine est constante chez Claudel, et je crois qu'en fait elle est le réel à quoi se réduit sa doctrine – hérétique – de la prédestination sexuée. Elle est même une opération par laquelle une référence virtuelle, le sens dénué de sens d'un nom propre, pourra exceptionnellement désigner une référence actuelle. D'un nom inconnu définir à nouveau un être connu.

Mais il faut aussitôt en venir à une conclusion – ce sera aussi celle de ce trop long exposé – qui est essentielle : ce nom, en vérité, nous ne le saurons pas, et le théâtre n'en peut donner que le succédané, ou, si vous voulez, un équivalent, l'autre nom du nom. Sous la forme par exemple des célèbres nominations réitérées : « — Mesa, je suis Ysé, c'est moi. — Ysé ! Ysé ! »

1. *Mémoires improvisés*, *op. cit.*, p. 47.
2. *Partage de midi*, *op. cit.*, p. 1005.

Ou encore, dans le monologue de la Lune :

« — Jamais, Prouhèze ! », et :

« — Rodrigue, et cependant entends-tu cette voix qui te dit : Rodrigue ? » (Chaque nom exprimé ici dans cette suprême et distante confrontation.)

C'est que ces noms devraient désigner très précisément l'autre qui arrache le sujet à son néant, à sa solitude, à son malheur, mais encore faut-il que cet autre demeure barré. Soit que ce nom ne puisse être mis à la place de Dieu, soit que Claudel ne veuille rien faire d'autre là que conserver sa barre à l'autre.

Je reprendrais volontiers à cette fin l'analyse de la fonction de l'innommable qu'Alain Badiou fit dans une conférence prononcée ici même en 1991 sur la soustraction, considérant que le « forçage d'une nomination pour l'innommable, c'est le déni de la singularité comme telle », « la figure même du mal[1] ».

Mais nous reconnaissons aussi aisément là la fonction du Nom-du-père, qui fait trou, qui n'est qu'un trou, qui n'est en un sens aucun nom, qui est le non-Nom.

Oh ! sans doute Claudel avait-il cru qu'on pourrait nommer ce nom final, et c'est ainsi, de façon triomphante que se termine la première version de *Partage* :

« Souviens-toi, souviens-toi du signe !

« Et le mien, ce n'est pas de vains cheveux dans la tempête, et le petit mouchoir un moment, dans la tempête,

« Mais tous voiles dissipés, moi-même, la forte flamme fulminante, le grand mâle dans la gloire de Dieu, l'Esprit vainqueur dans la transfiguration de Midi[2]. »

Le signe, le grand mâle, la flamme, l'Esprit, Midi, ce seraient enfin les noms de l'affirmation finale, solaire, divine.

Dès l'époque du stade du miroir d'ailleurs Lacan se demandait si ce serait cela, la fin de l'analyse, la nomi-

1. Alain Badiou, *Conditions*, Le Seuil, 1992, p. 193.
2. *Partage de midi*, *op. cit.*, p. 1062.

nation du désir, lorsque : « La psychanalyse peut accompagner le patient jusqu'à la limite extatique du "*Tu es cela*", où se révèle à lui le chiffre de sa destinée mortelle[1]. »

Mais le Nom-du-père fait trou, le nom est innommable. Dans ce qui ne peut donner lieu désormais qu'à un théâtre, lieu final, terminable, de toutes ces histoires, le nom, l'autre barré le détient, certes, mais ce nom ne peut être donné. N'importe quel nom peut donc être donné *à sa place*.

L'éternelle enfance de Dieu, c'est cela, ce multiple pur d'enfants chanteurs, dont aucun n'a de nom.

Aussi bien la fin ne doit-elle pas être une nomination triomphante :

« Délivrance aux âmes captives » est le dernier mot du *Soulier de satin*, proféré par un moine quelconque[2]. Et la très mystérieuse fin de la dernière version de *Partage de midi* est celle-ci :

« Souviens-toi de moi dans les ténèbres un moment qui fus ta vigne[3] ! »

On dira toujours que « vigne » est ici un symbole explicable, évangélique : Mesa a été foulé dans la vendange d'Ysé.

Il est peut-être mieux encore de dire que ce terme est quelconque, qu'il est là à la place du nom, le sien à lui ? le sien à elle ? qui ne sera jamais donné.

1. Lacan, *Écrits*, *op. cit.*, p. 100.
2. *Le Soulier de satin*, *op. cit.*, quatrième journée, scène XI, p. 948.
3. *Partage de midi*, *op. cit.*, nouvelle version, p. 1228.

FRANÇOIS CHENG

LACAN ET LA PENSÉE CHINOISE

Ce que je vais dire, ce soir, aura peu de lien direct avec la psychanalyse. Cette affirmation première, ayant trait à Lacan, peut étonner. Pourtant, c'étaient les conditions mêmes dans lesquelles s'étaient effectuées nos séances de travail. En effet, afin de me mettre à l'aise, et dans le souci de ne pas m'influencer dans mes réponses à ses questions, il m'avait demandé expressément d'oublier le peu que je connaissais de la psychanalyse en général et de sa théorie en particulier.

Il voulait, en ma compagnie, visiter – ou, dans bien des cas, revisiter – certains domaines de la pensée chinoise, cela de la façon la plus authentique possible, en étudiant les textes dans leur écriture originelle, ligne par ligne, mot par mot. Inutile de vous dire avec quel empressement j'ai accepté cette proposition. J'étais alors en pleine recherche, tentant d'appliquer les méthodes phénoménologiques ou sémiotiques à diverses pratiques signifiantes chinoises. Les dialogues que j'avais pu nouer avec Gaston Berger, Levinas, Barthes et Kristeva m'avaient assez convaincu des vertus des échanges directs. Combien cela était vrai avec Lacan, c'est ce que je ne tardai pas à vérifier. Lacan, avec sa manière si tenace et si ouverte d'interroger les textes, sa capacité si pertinente à faire ressortir l'enjeu d'une interprétation, contribuait à renforcer mon élan, à aiguiser mes facultés de jugement.

À tel point d'ailleurs qu'au bout d'une période de plusieurs années absolument privilégiées pour moi, j'ai dû prendre congé de lui pour me consacrer à la rédaction de deux ouvrages [1] qui, à leur parution, en 1977 et en 1979, auront l'honneur de l'intéresser et de recevoir son approbation. C'est dire que de l'intense échange avec Lacan, parfois exténuant pour moi, j'étais de fait le grand bénéficiaire. Quant à Lacan lui-même, qu'en a-t-il tiré ? Nul probablement n'est en mesure d'y répondre actuellement avec précision. Comment un grand esprit se nourrit-il de tous les apports qu'il rencontre sur son chemin ? Pour le savoir, cela exigerait sans doute une investigation patiente, minutieuse et surtout globale. On était au début des années soixante-dix. L'essentiel de la théorie de Lacan était déjà formulé. Néanmoins, on ne peut douter que, dans cette plongée chinoise, sa curiosité intellectuelle n'ait trouvé des agréments, que son esprit scrutateur n'y ait puisé des inspirations, que, au cœur même de sa théorie, tel ou tel concept n'y ait rencontré des échos, voire des prolongements. Sinon pourquoi toutes ces séances acharnées qui duraient parfois plusieurs heures, et une ou deux fois un après-midi entier ?

À part des discussions ponctuelles sur divers sujets tels que les pronoms personnels, les prépositions, les expressions du temps en chinois, nous avons avant tout étudié des textes choisis au fur et à mesure par Lacan lui-même. D'une façon générale, il s'agit de textes dont il avait lu des traductions. Si je fais abstraction de quelques textes annexes que je mentionnerai en passant, je peux citer, dans l'ordre, les principaux ouvrages suivants : *Le Livre de la Voie et de sa vertu*, le *Mencius* et les *Propos sur la peinture du moine Citrouille-amère*. Nous verrons que cet ordre suit une certaine logique, étant donné que les trois

1. F. Cheng, *L'Écriture poétique chinoise*, Le Seuil, coll. « Points », 1996, et *Vide et plein, le langage pictural chinois*, Le Seuil, coll. « Points », 1991.

ouvrages en question correspondent en gros aux trois niveaux constitutifs de la pensée chinoise : le niveau de base que je qualifierais de cosmo-ontologique, puis le niveau éthique, et enfin le niveau esthétique.

Le premier ouvrage, *Le Livre de la Voie et de sa vertu*[1] – en chinois le *Daodejing* – est attribué à Laozi, le père fondateur du taoïsme. Laozi aurait vécu au VIe siècle avant notre ère. Mais le texte que nous connaissons est une version plus tardive, version écrite d'un enseignement oral transmis depuis plusieurs générations à partir de Laozi. L'ouvrage se compose de quatre-vingt-un courts chapitres. Les deux chapitres que je me propose de vous commenter comptent parmi les plus déterminants concernant la manière dont les Chinois ont conçu la Création et la marche de l'Univers, qu'on désigne en chinois par le mot *Tao*, qui veut dire la Voie. Il se trouve que verbalement le mot Tao veut dire aussi « parler ». De sorte que, si l'on se permet un jeu phonique en français, on peut dire que le Tao est doué d'un double sens : la Voie et la Voix. Le Tao signifie donc un ordre de la vie en même temps qu'un ordre de la parole. On voit sur ce point ce qui a pu intéresser Lacan.

De ces deux textes un peu abrupts, je vais donner un commentaire aussi proche que possible de celui que Lacan et moi avons fait ensemble. D'abord le premier texte (*Le Livre de la Voie et de sa vertu*, chap. XLII) :

Le Tao d'origine engendre l'Un
L'Un engendre le Deux
Le Deux engendre le Trois
Le Trois engendre les Dix-Mille êtres
Les Dix-Mille êtres endossent le Yin
et embrassent le Yang
Par le souffle du Vide-médian
Ils réalisent l'échange-entente

1. Pour la lecture du *Livre de la Voie et de sa vertu*, Lacan a consulté plusieurs traductions, notamment celles de J.J.L Duyvendak (rééd. Jean Maisonneuve, 1987), et de F. Houang et P. Leiris (rééd. Le Seuil, coll. « Points », 1979).

Toutes les phrases qui composent ce texte ont trait à l'idée du souffle. C'est ici que, sans tarder, il convient d'indiquer un point central : l'idée du souffle se trouve au fondement même de la pensée chinoise.

Il est vrai que, très anciennement, dans la manière dont les Chinois concevaient l'origine de la Création, l'idée d'une volonté divine n'était pas du tout absente, puisqu'ils se référaient au Seigneur d'En-haut, et plus tard, au Ciel. N'étaient pas absentes non plus des références à certaines matières, comme le Feu ou l'Humus. Mais à un moment donné, très tôt quand même, selon une grande intuition, ils ont opté pour le souffle, qui n'était pas forcément en contradiction avec les idées précédentes, mais qui, phénoménologiquement, leur permettait d'avancer une conception unitaire et organique de l'univers vivant où tout se relie, tout se tient, par le souffle justement. Ils ont eu beau chercher, ils n'ont rien trouvé de mieux que le souffle, cette entité dynamique, capable d'engendrer la vie, à la fois l'esprit et la matière, l'Un et le Multiple, les formes et leur métamorphose. Optant pour le souffle, ils en ont vite tiré toutes les conséquences. Le souffle est bien cette unité de base qui structure tous les niveaux d'un système organique. C'est ainsi que, au niveau physique, les matières vivantes, nos corps mêmes, sont conçus comme des condensations de différents souffles vitaux. Que, au niveau éthique, lorsque quelqu'un agit avec justice et équité, on dit que sa conscience est mue par le souffle intègre ou le souffle de la Rectitude. Et que, au niveau esthétique, la règle d'or recommande d'animer les souffles rythmiques. Voilà beaucoup de choses jetées comme ça un peu en vrac. Mais rassurez-vous, je ne m'égare pas. Revenons au premier texte. Je vais le commenter phrase par phrase.

Le Tao d'origine désigne le Vide originel d'où émane le souffle primordial qui est l'Un. L'Un se divise en deux souffles vitaux que sont le Yin et le Yang. Le Yang, relevant du principe de la force active, et le Yin, relevant du principe de la douceur réceptive, sont virtuellement en état d'engendrer les Dix-Mille êtres. Mais au Deux vient s'ajouter le Trois, ou plutôt au cœur du Deux vient s'intercaler le Trois. Car le Trois n'est autre que le souffle du Vide-médian dont il est question dans la dernière phrase. Ce souffle du Vide-médian, ce Trois, est-il indispensable ? Selon le penseur chinois, oui. Car, sans ce souffle agissant dans le Vide-médian, le Yin et le Yang camperaient chacun sur son quant-à-soi, ou se trouveraient dans une opposition stérile. Alors que, avec l'intervention du Vide-médian, les deux partenaires entrent dans un champ à la fois ouvert, distancié et interactif, et par leur interaction, accèdent à la transformation mutuelle. Le souffle du Vide-médian est donc le contraire d'un lieu neutre et creux, d'un *no man's land.* C'est une entité dynamique en soi. Certes, il naît du Deux, c'est-à-dire qu'il ne peut être là que lorsque le Deux est là. Mais une fois là, il ne s'efface pas comme un simple coup de vent de passage ; il devient une présence en soi, un vrai espace d'échange et de change, un processus dans lequel le Deux serait à même de se croiser et de se dépasser.

Considérons à présent le second texte (*Le Livre de la Voie et de sa vertu*, chap. I) :

Le Tao pouvant être énoncé
n'est pas le Tao constant
Le Nom pouvant être dénommé
n'est pas le Nom constant
Sans-avoir Nom, commencement du Ciel-Terre
Y-avoir Nom, mère de Dix-Mille êtres
Toujours Sans-avoir Désir
pour en saisir le germe
Toujours Y-avoir Désir
pour en prévoir le terme
Même issue mais différente appellation
Participent du même élan originel
Mystère et mystère autre
Porte de toutes merveilles

Le premier texte nous a renseigné sur le rouage du Tao, sur la façon dont fonctionnent les souffles vitaux, avec notamment le souffle du Vide-médian qui entraîne l'échange entre le Yin et le Yang et, par là, les entraîne plus loin, dans le processus du changement continuel. Ici, dans ce second texte, nous touchons du doigt une vérité plus subtile. Le Tao implique le changement continuel certes, mais est-ce qu'au sein de cette immense marche permanente, il y a tout de même quelque chose de constant qui ne change pas ? Qui jamais ne s'altère ni ne se corrompt ? Eh bien, répond Laozi avec une conviction non dépourvue d'humour : ce qui ne change pas c'est le Vide même. Un Vide cependant vivifiant d'où s'origine le souffle, d'où ce qui est sans-avoir Nom tend constamment vers le y-avoir Nom ; ce qui est sans-avoir Désir tend constamment vers le y-avoir Désir. Seulement voilà : dès qu'il y a Nom, dès qu'il y a Désir, on n'est plus dans le constant. Le seul constant, le vrai constant, encore une fois, c'est le Vide d'où jaillit constamment le souffle. Dans cette optique, force nous est d'admettre que le vrai être est à chaque instant le saut même vers l'être, la vraie vie est à chaque instant l'élan même vers la vie. On comprend dès lors le souci des penseurs chinois d'appréhender le Vide. Au cœur des substances vivantes apparemment les plus consistantes, les plus compactes, ils voient à l'œuvre le Vide et son corollaire le souffle, lesquels font que, à la racine des phénomènes foisonnants, destinés finalement à être détériorés, il y a cette source constante qui, elle, ne tarit pas, ne trahit pas. C'est pourquoi, selon eux, il faut tenir les deux bouts, tenir le sans-avoir Nom et le sans-avoir Désir pour en saisir le germe, tenir le y-avoir Nom et le y-avoir Désir pour en prévoir le terme. Ici, si l'on veut faire un pas de plus et formuler la chose de manière moins énigmatique, je dirais : il y a chez ces penseurs chinois, comme plus tard chez les artistes chinois, une préoccupation constante. Ils cherchent à relier le visible à l'invisible, le fini à l'infini, ou inversement introduire l'invisible dans le visible, et l'infini dans le fini, cela à même la vie la plus courante. Mais comment concrètement ? Par le Vide-médian, répondent-ils. Chacun de nous, chaque chose en soi est une finitude. L'infinitude est ce qui se passe entre les entités vivantes. À condition toutefois, nous le savons maintenant, que les entités en question soient dans un rapport d'échange et non de domination, et qu'agisse entre elles le vrai souffle du Vide-médian. Le Vide-médian est bien ce souffle qui vient du soi du sujet quand il est en vue d'autres sujets et qui le pousse hors de soi, pour que le vivre et le parler lui demeurent indéfiniment possibles. Le Vide-médian transforme le sujet en projet, en ce sens qu'il le projette en avant de soi, tendu toujours vers l'inattendu, vers l'inespéré, c'est-à-dire vers l'infini. Le sujet n'est justement pas ce bien jalousement conservé, ce dû une fois pour toutes fixé. Le vrai accomplissement n'est pas dans l'étroite enceinte d'un corps mesurable, pas plus qu'il n'est dans une vaine fusion avec un autre qui serait encore une finitude, mais dans le va-et-vient sans fin et toujours neuf entre les unités de vie, le véritable mystère toujours autre. Ici, si l'on accepte l'idée du souffle, on doit pouvoir admettre aussi la vue selon laquelle même nos sensations les plus intimes ne se limitent pas à l'intérieur d'une pauvre coquille ; elles sont vibrations, ondes propagées dans un espace qui vient de soi, mais le débordant infiniment, en résonance avec la grande rythmique du Tao. Là est la définition même de l'extase.

Ce que nous venons de voir, à travers les deux textes du *Livre de la Voie et de sa vertu*, relève de la pensée taoïste. L'ouvrage suivant, que spontanément Lacan a choisi, relève, lui, du confucianisme, puisqu'il s'agit du *Mencius*. À cette occasion d'ailleurs, nous nous sommes penchés également sur certains passages des *Entretiens de Confucius*, et sur un autre ouvrage : *Le Milieu juste*[1]. Mencius (371-289 avant Jésus-Christ) est considéré un peu comme le saint Paul du confucianisme. Il aurait étudié auprès d'un disciple du petit-fils de Confucius. Ce fut donc un tard venu. Mais par sa fougue, par son éloquence, il contribua à propager les doctrines confucéennes au milieu de très nombreuses autres écoles de pensée. En dépit des différences entre les deux courants majeurs, taoïste et confucéen, notamment touchant leur attitude devant la vie, l'essentiel du confucianisme confirme, cependant, sur le plan éthique, beaucoup d'éléments de base que nous avons pu voir chez les taoïstes. D'abord ceci : tout comme les taoïstes qui ont bâti leur système à l'aide de trois éléments – le Yang, le Yin et le souffle du Vide-médian – les confucéens, eux, ont fondé leur conception du destin de l'homme au sein de l'Univers sur la triade le Ciel, la Terre et l'Homme. Comme quoi il est permis d'affirmer que la pensée chinoise est résolument ternaire. Et si l'on pousse un peu plus loin l'observation, on peut constater qu'en outre, il y a correspondance entre le Trois taoïste et le Trois confucéen, dans la mesure où le Ciel relève du principe Yang, la Terre du principe Yin et où l'Homme, cet être intermédiaire, doit tenir compte de la double exigence de la Terre et du Ciel. Oui, il n'est pas jusqu'à l'idée taoïste du souffle du Vide-médian qui ne trouve son équivalent chez les confucéens, avec la notion du Milieu juste. Le Milieu juste désigne ici une loi vitale et constante – pas immuable mais constante – dans le fonctionnement du Tao, une loi en qui l'homme peut avoir confiance et dont il doit précisément tenir compte pour ajuster sa vie. On se rappelle que le Tao n'est autre que la Création en marche, cette immense aventure de la vie en ses transforma-

1. Ces trois ouvrages – *Entretiens de Confucius, Mencius, Le Milieu juste* – cités ici, forment, avec *La Grande Étude*, les quatre livres canoniques du confucianisme. Lacan les a étudiés dans la traduction de Séraphin Couvreur (rééditée par les éditions Kuang-Chi, en vente, à Paris, aux librairies Le Phénix et You-feng).

tions continuelles. Or, quel que soit le mystère qui sous-tend cet ordre de la vie, une chose est certaine : le souffle primordial qui l'a inauguré tient toujours sa promesse ; il ne dévie pas, il ne trahit pas. Autrement dit, il n'est pas capricieux ni désinvolte. Il ne verse pas dans l'impulsif ou dans l'extrême, au point de devenir toujours imprévisible. Au contraire, le penseur confucéen constate que cet ordre de la vie se maintient dans la durée ; il est constamment fiable. Qu'est-ce qui fait que cet ordre de la vie est constamment fiable, en dépit de tant de vicissitudes ? C'est que sa voie fondamentale est le Milieu juste. Surtout ne prenez pas le Milieu juste dans le sens de demi-mesure ou de compromis, ne cessent de répéter les premiers confucéens et les grands commentateurs qui viendront après. Le Milieu juste est, telle la poutre centrale d'un édifice, l'exigence même de la Voie, la condition sévère à partir de laquelle la vie peut atteindre le plein de ses virtualités. C'est, en réalité, l'exigence la plus difficile, alors que le caprice et la fantaisie sont faciles, de même l'excessif ou l'extrême. Aux yeux de Mencius, le Milieu juste est, tenant compte des éléments en présence, et selon le principe de vie, ce qu'on doit exactement faire dans chaque circonstance. Il est la plus haute expression de la Justice. Au besoin, il faut être prêt à sacrifier sa vie pour sa réalisation. Toute cette conception, Mencius la doit essentiellement à Confucius, lequel, dans ses *Entretiens*, a eu plusieurs occasions de la développer. À un disciple qui l'interroge au sujet de son savoir, Confucius répond qu'il ne possède point de savoir préétabli, que son savoir est aussi vide que le Vide. Mais que si quelqu'un le consulte pour une situation humaine concrète, il s'efforcerait toujours d'examiner la situation jusqu'à ses extrêmes limites, avant de proposer, dans la mesure du possible, la Voie médiane la plus haute, la plus juste. Sur la base de cette attitude, il a donné, d'ailleurs, cette affirmation qui a beaucoup plu à Lacan : « Quand on se promène ne serait-ce qu'à trois, chacun est certain de trouver en l'autre un maître, faisant la part du bon pour l'imiter et se dépasser, ou du mauvais pour le corriger en soi-même[1]. » Cette affirmation nous fait saisir la perspective confucéenne d'après laquelle, toute situation humaine étant intersubjectivale, ce qui naît entre les entités vivantes, surtout lorsque celles-ci visent à rechercher le vrai, n'est pas quelque chose d'abstrait ni de passager. Il s'incarne en une entité en soi, une sorte de trans-sujet, de fait le vrai sujet, le Milieu juste par excellence, puisque c'est lui qui permet aux « sujets » en présence de se tirer vers le haut, de se transformer, dans le sens de la Voie. D'autant plus que, à ce propos, la tradition des lettrés, touchant le problème du sujet, conçoit deux types de « moi » : le petit moi et le grand moi. Le premier concerne le sujet dans son état d'individu, et le second le sujet dans sa dimension sociale et cosmique (par rapport à la terre et au ciel). Au sein de cette dernière dimension, le sujet doit s'efforcer de penser et d'agir dans le sens du bien collectif certes, mais surtout « cosmiquement », cela en acceptant l'idée que, s'il a le mérite de penser l'univers, c'est en fin de compte l'Univers vivant qui n'a cessé de penser en lui, par lui. Il pense autant qu'il est pensé au travers de toutes les rencontres décisives. C'est ainsi qu'il se sent lié. C'est ainsi que son petit moi se laisse déborder avantageusement.

À ce point de notre cheminement, s'il faut, avant de continuer, résumer en quelques phrases tout ce que nous venons de voir, je dirais, sous peine de répétition, que depuis le *Livre des mutations*[2], cette œuvre initiale – qui, au moyen de soixante-quatre doubles trigrammes composés de traits pleins et de traits brisés, tente précisément de figurer toute la complexité des interférences et transformations lorsque le sujet entre

1. Confucius, *Entretiens de Confucius*, trad. A. Cheng, Le Seuil, coll. « Points », 1981, p. 65.

2. Livre de divination dont la version actuellement connue est attribuée au roi Wen des Zhou, environ mille ans avant notre ère.

en relation avec l'autre ou avec les autres –, tous les penseurs chinois acceptent l'idée d'une Voie qui, grâce à des interactions internes, est en permanente mutation. Mais quelle que soit l'étape de son évolution, quelles que soient les entités vivantes en présence, il y a dans chaque circonstance, même entre deux personnes seulement, cet intervalle vital, ce lieu incontournable ressenti par les taoïstes comme le Vide-médian et conçu par les confucéens comme le Milieu juste. En somme, ce n'est pas l'Un qui commande le Deux, mais le Trois qui transcende le Deux, je n'oublie pas ce commentaire de Lacan.

Ici, on est en droit de se demander où réside la divergence entre taoïsme et confucianisme. Il y a d'abord chez chacun une posture différente : le premier, privilégiant le principe Yin, se réfère, pour ainsi dire, à un ordre du Féminin ; le second, prônant le principe Yang, relève avant tout de l'ordre du Père. Ensuite, on peut constater ceci. Alors que les taoïstes prônent la communion totale avec l'univers vivant, en se fiant à la capacité innée et naturelle de l'homme dans son effort d'ajustement, les confucéens, préoccupés avant tout de l'*éthique*, croient bon, et même nécessaire, de réguler les relations humaines au moyen du *Li* et du *Yue*, c'est-à-dire des rites et de la musique. Les rites, on comprend : il s'agit d'un ensemble d'attitudes et de gestes en vue de créer la bonne distance et la bonne mesure. La musique, cela peut étonner. Pourtant, Confucius proposait différents types de musique circonstanciés, souvent très dépouillés, aptes à engendrer le sens du rythme et de l'harmonie, dans les rapports que tout homme doit entretenir avec autrui. Il prévoyait les cinq rapports suivants : entre homme et femme, entre parents et enfants, entre frères et sœurs, entre amis, et, sur le plan institutionnel, entre souverain et sujet.

À part ces généralités, il y a un problème dans le *Mencius* qui a particulièrement intéressé Lacan, problème concernant le parler humain. Là aussi, on voit la différence de posture entre taoïstes et confucéens.

D'une façon générale, et je dirais instinctive, les taoïstes se méfient de la parole humaine. À leurs yeux, une parole trop proliférante ne saurait être qu'une forme dégénérée des souffles vitaux. Pour les confucéens qui croient aux vertus de l'éducation, et pour Mencius en particulier qui encourage l'expression de sentiments et de désirs, la parole au contraire est un instrument indispensable. Bien entendu, Mencius n'ignore pas que la parole est à double tranchant : elle peut contribuer à atteindre le vrai, comme elle peut corrompre, voire détruire. Dans un passage dont Lacan a copié des phrases, copie que j'ai précieusement conservée (Mencius, chap. II), Mencius énumère devant un interlocuteur quatre sortes de paroles qu'il considère comme déficientes ou défectueuses : paroles partielles, paroles dissimulées, paroles déformées et paroles excessives. Plus loin, Mencius affirme que, quant à lui, il possède en principe le discernement vis-à-vis du parler des gens, de ce qu'ils disent. À son interlocuteur qui lui demande sur quoi il fonde cette certitude, il répond qu'il s'efforce sans relâche de nourrir en lui le souffle intègre ou le souffle de la Rectitude. Ici, il fait référence à ce que nous disions tout à l'heure au sujet du souffle primordial qui, en tant que souffle intègre, assure l'ordre de la vie sans jamais dévier, sans jamais trahir ; il est le garant de la Rectitude. On voit par là aussi, du moins pour les confucéens, que la parole humaine est liée au souffle, c'est habitée par le souffle intègre que la parole humaine peut atteindre le vrai. Néanmoins, d'un autre côté, en bon confucéen, Mencius exalte aussi le rôle propre de l'homme, puisque l'homme participe en troisième à l'œuvre de la Terre et du Ciel. Étant donné que la parole est un souffle, si l'homme, grâce à son vouloir et à son esprit éclairé, parvient à proférer des paroles justes, il contribuerait, à son tour, à renforcer le souffle qui l'habite et qui anime l'Univers. Comment, finalement, nourrir en soi ce souffle intègre ? Il faut, pour ce faire, dit Mencius, que de toute sa volonté, son cœur – siège des sentiments et de l'esprit – y

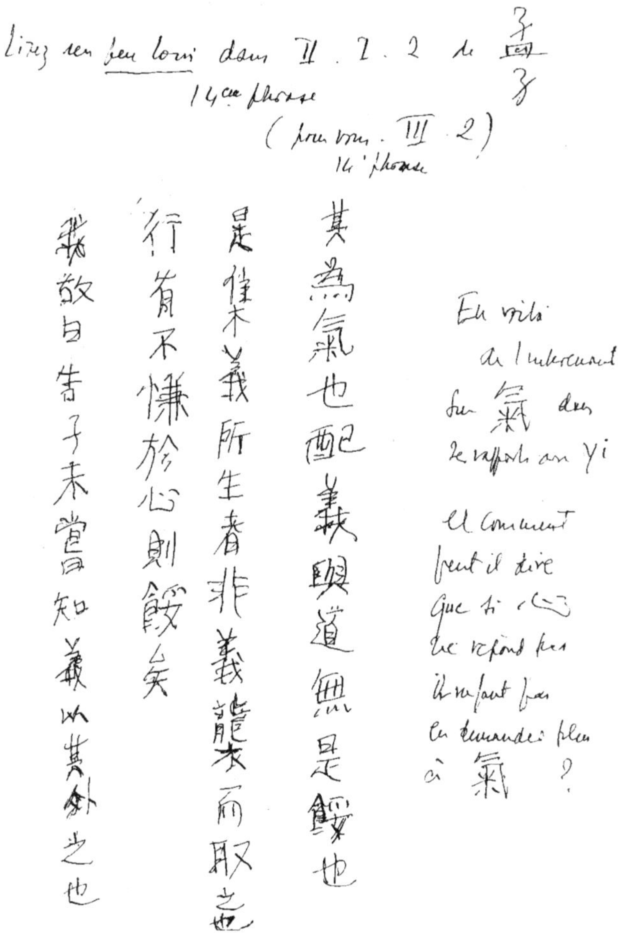
Lisez un peu loin dans II . 1 . 2 de 孟子
14ème phrase
(pour vous . III . 2)
14' phrase

其為氣也配義與道無是餒也
是集義所生者非義襲而取之也
行有不慊於心則餒矣
我故曰告子未嘗知義以其外之也

En voilà de l'intéressant sur 氣 dans le rapport au Yi

Et comment peut-il dire que si 心 ne répond pas il ne faut pas en demander plus à 氣 ?

Copie faite par Lacan d'un extrait du *Mencius* (chap. II)
(reproduite avec l'autorisation de Judith Miller)

tende. Il faut surtout se mettre dans la disposition d'extrême humilité et d'extrême droiture. D'extrême patience aussi : ne point fixer d'échéance précise ni rechercher des résultats immédiats ; ne point imiter cet homme à courte vue, qui sous prétexte d'aider les plants de riz à pousser plus vite, les tire vers le haut et finit par les abîmer complètement. Mencius ne doute pas que si l'on parvient à remplir ces exigences, le résultat sera assuré.

En 1960, à la fin de son séminaire sur l'éthique de la psychanalyse, Lacan a parlé de Mencius en disant que selon celui-ci la bienveillance était à l'origine naturelle à l'homme. La dégradation est venue par la suite. Mencius était un passionné de la justice. Il n'ignore pas les déviances, les perversions, le mal, mais il croit, on l'a dit, à la force de l'éducation. Lui-même avait été éduqué par sa mère qui, pour soustraire son jeune enfant aux influences néfastes, n'avait pas hésité à déménager trois fois. Lacan était d'accord avec moi pour penser que les confucéens ont probablement trop fait confiance à la nature humaine. Ils n'ont pas dévisagé le Mal de façon radicale, ni posé de façon radicale le problème du droit pour protéger le sujet. C'est là la grande leçon que la Chine peut et doit apprendre de la pensée occidentale. Reste que Lacan a admiré cette attitude de confiance des confucéens pour qui les biens sont donnés à l'homme et l'entente avec le monde des vivants lui est accordée. Sur ce sujet, Mencius a d'ailleurs avancé un argument simple : puisque faire le mal est la chose du monde la plus facile, que faire le bien est infiniment difficile, presque contre nature, et que pourtant de génération en génération quantité d'hommes continuent spontanément à faire du bien, il faut croire que les biens sont tout de même innés à l'homme dès le départ. Sinon aucun Seigneur d'En-Haut, aucun Ciel, aucune Raison n'est plus en mesure de les lui imposer du dehors, après coup.

La dernière œuvre que nous avons étudiée est un traité de peinture composé de dix-huit courts chapitres. Intitulé : *Propos sur la peinture du moine Citrouille-amère*[1], il est écrit par le grand peintre Shitao, du XVIIe siècle. Le désir de Lacan d'approfondir sa connaissance d'un texte aussi particulier m'a d'abord surpris, puis ravi. Je ne tardai pas à me rendre compte de l'intérêt que pouvait présenter un tel texte pour lui, et par ricochet, pour moi-même. L'art calligraphique et pictural, tel qu'il est pratiqué en Chine, est un art de vie. Il met en pratique, justement, tous les éléments de la cosmo-ontologie que nous avons dégagés. Dans son traité, Shitao a élaboré une pensée structurée fondée sur tout un ensemble de notions, parfois techniques, dont il est difficile de faire état ici. Toutefois, nous allons signaler les quelques notions de base sur lesquelles Lacan s'était plus attardé, telles que la notion du *Yin-yun*, celle de l'Unique Trait de Pinceau, et enfin celle de la Réceptivité. Toutes ces notions qui ont trait à la création artistique sont en relation intime avec la manière dont les penseurs chinois conçoivent la Création tout court. La première notion, par exemple, le *Yin-yun*, que d'aucuns traduisent par le chaos. Comme sa prononciation le suggère, le *Yin-yun* désigne un état où le Yin et le Yang sont encore indistincts mais en virtuel devenir. Ce n'est donc pas un terme négatif. L'état qu'il désigne n'est rien de moins que la promesse de la vie, un lieu ouvert où l'élan du non-être vers l'être est possible, voire imminent. En peinture, il est bien cet espace premier au sein duquel le désir de la forme peut émerger, et l'acte de figurer peut s'engager. Dans la réalisation d'un tableau, le *Yin-yun* est certes au commencement ; mais il doit demeurer présent en cours d'exécution et subsister à la fin, tant il est vrai que, dans l'optique chinoise, un tableau trop fini est un tableau raté, qu'un vrai tableau doit rester un espace toujours virtuel, tendu vers d'autres métamorphoses.

1. Shitao, *Propos sur la peinture du moine Citrouille-amère*, trad. P. Ryckmans, rééd. Hermann, 1997.

C'est par rapport à cette image de *Yin-yun* que la deuxième notion, celle de l'Unique Trait de Pinceau, prend tout son relief. L'Unique Trait de Pinceau se dégage du *Yin-yun* en tant que première affirmation de l'être. Il est à l'image du souffle primordial qui se dégage du Vide originel. C'est pourquoi, d'ores et déjà, on peut affirmer, comme Shitao l'a fait lui-même, que le Trait, dans l'ordre pictural, est l'équivalent du souffle, il en est la trace tangible. Le Trait n'est pas une simple ligne. Au moyen d'un pinceau, imbibé d'encre, l'artiste pose le Trait sur le papier. Par son plein et son délié, son Yang et son Yin, la poussée et le rythme qu'il implique, le trait est virtuellement déjà à la fois forme et mouvement, volume et teinte. Il constitue une cellule vivante, une unité de base d'un système de vie. Et puis, en tant qu'un puissant signifiant, le Trait signifie toujours plus que ce qu'il manifeste. Car tout en étant une complétude en soi, il appelle la transformation qu'il porte en germe. Il n'a de cesse d'appeler d'autres traits, comme le proclame Shitao : « L'Unique Trait de Pinceau contient en lui les Dix-Mille Traits. » Ainsi, c'est autour de ce nœud mouvant, équivalent du souffle, à la fois l'Un et le Multiple, la trace et la transformation, que la tradition picturale chinoise, renouvelée par Shitao, a forgé une pratique signifiante ayant une cohérence organique.

L'art du Trait, pour l'acquérir, suffit-il d'un exercice assidu ? Non, dit Shitao, car il s'agit d'une discipline de vie. Pour cela, il faut que l'artiste soit en état de l'accueillir. C'est ici qu'intervient la notion de Réceptivité. Le Trait devant être mû par le souffle, il faut qu'auparavant l'artiste soit lui-même en son plus intime mû par les souffles vitaux, aussi bien le Yin, le Yang que le Vide-médian, ceux-là mêmes qui ont été capables de s'incarner en bambou et en rocher, en montagne et en eau. L'artiste doit atteindre ce degré de disponibilité ouverte où les souffles internes qui l'habitent sont à même de relayer ceux qui viennent du Dehors. Le vrai Trait ne peut résulter que de cette rencontre et de cet échange entre souffles internes et souffles externes. « Vénérer la Réceptivité », c'est l'ultime recommandation lancée par Shitao. Ce dernier n'ignore pas qu'il y a des connaissances conscientes et pratiques, mais affirme que la Réceptivité est première et la Connaissance seconde. Pour tout dire, la Réceptivité est un état supérieur de la Connaissance, une sorte d'intuition plénière par laquelle on saisit quelque chose qu'on ne sait pas et que pourtant à l'avance on sait déjà.

Nous venons de traiter de l'idée du Trait. Passons à présent du Trait à la combinaison de traits, et de la combinaison de traits aux figures dessinées. Parmi les figures dessinées, les plus abstraites et dans le même temps les plus signifiantes, il faut compter les idéogrammes qui, comme on le sait, sont un ensemble de signes faits de traits structurés chaque fois autour d'un centre, selon certaines règles mais offrant des variétés infinies. À cause des idéogrammes, la calligraphie est devenue un art majeur. Par la gestuelle jaillissante et rythmique qu'elle suscite, la calligraphie exalte l'être charnel des signes, les rétablissant dans leur dignité plénière. Si parler est un souffle, écrire est un souffle aussi. Les signes à tracer engagent corps et esprit de celui qui trace, le projettent au-dehors pour qu'il s'accomplisse dans des figures formelles mais pleines de sens. (Pleines de sens, avons-nous dit. Le mot sens au pluriel, car le sens des signes dans lesquels l'homme s'investit entièrement est inépuisable. À ce sujet, je ne peux m'empêcher d'ouvrir une parenthèse pour évoquer l'idéogramme *yi* sur lequel Lacan et moi avons eu une discussion des plus instructives pour moi. Cet idéogramme, qui a pour sens originel « idée » ou « intention », jouit de nombreuses combinaisons avec d'autres idéogrammes pour former toute une famille de termes tournant autour de la notion d'image, de signe et de signification. C'est ainsi qu'à partir du noyau *yi*, on assiste à la naissance de la série suivante : *yi-yu*, « désir » ; *yi-zhi*, « visée » ; *yi-xiang*, « orientation » ; *yi-xiang*, « image, signe » ; *yi-hui*, « compréhension » ; *yi-yi* ou *zhen-yi*, « signification ou essence vraie » ; *yi-jing*, « état au-delà du dicible ». Des deux derniers termes, le *yi-yi* « signification » implique l'idée de l'efficacité juste, tandis que le *yi-jing* « état non dicible » implique l'idée d'un dépassement par rapport à la parole signifiée. Et toute cette série de mots nous inspire la constatation que, d'une part, le signe est l'aboutissement d'un désir, d'une visée et doué d'une signification qui toutefois ne l'épuise pas, et que, d'autre part, la vraie signification d'un signe peut agir efficacement, et le dépassement du signe ne peut se faire qu'à partir de cette signification même. Notre discussion sur ce sujet nous a amenés naturellement, je m'en souviens bien, à nous référer à la conception déconstructionniste du langage et nous avons pensé que s'il est tout à fait juste d'affirmer que le sens d'un « écrit » est sans cesse « différé », il n'empêche qu'à chaque situation déterminée, à chaque rencontre décisive, la signification *est*, dans la mesure où la signification en question agit efficacement sur les êtres en présence, les faisant accéder, dans le meilleur des cas, à la transformation.)

Lacan a aimé les idéogrammes – pour leur forme et pour leur manière ingénieuse de suggérer le sens – ainsi que la calligraphie. Il m'a dit qu'il m'enviait de pouvoir pratiquer cet art relié au concret comme une thérapie. Il m'a parlé aussi d'André Masson qu'il considérait comme un calligraphe occidental. En 1973, il y eut une exposition chinoise au Petit Palais. Nous y sommes allés ensemble. À défaut de peintures et de calligraphies, nous avons longuement contemplé les objets, plus particulièrement ces lignes hautement stylisées, gravées sur bronze.

Mais ce qui fascine Lacan, c'est tout de même ces signes écrits en tant que système. Un système qui est au service de la parole, tout en gardant une distance par rapport à elle. Comme chaque idéogramme forme une unité autonome et invariable, son pouvoir signifiant ne se dilue que peu dans la chaîne. Ainsi, tout en étant capable de transcrire fidèlement la parole, le système peut aussi, par tout un processus d'ellipse volontaire et de combinaison libre, engendrer en son sein un feu ouvert, cela surtout dans le langage poétique où, à l'intérieur d'un signe et entre les signes, le Vide-médian joue à pulvériser l'emprise de la linéarité unidimensionnelle. À ce propos, rappelons que j'ai pris congé de Lacan vers 1974 pour me consacrer précisément à la rédaction d'un ouvrage portant sur l'écriture poétique chinoise. Cet ouvrage, publié en 1977, a attiré toute l'attention de Lacan. Dans une lettre datant du 22 avril 1977, il m'écrit : « J'ai fait état de votre livre à mon dernier séminaire, en disant que l'interprétation – soit ce que doit faire l'analyste – doit être *poétique* [mot souligné par Lacan]. » Par la suite, nous avons eu plusieurs rencontres dont une, mémorable pour moi, dans sa maison de campagne durant une journée entière. Dans un article pour la revue *L'Âne*, j'ai relaté de façon assez détaillée ce que nous avons pu nous dire au sujet d'un huitain du VIIIe siècle, « Le pavillon de la grue jaune » de Cui Hao. Ici, aujourd'hui, je me contente d'évoquer un quatrain de Wang Wei que nous avons étudié ce jour-là, en hors-d'œuvre en quelque sorte. Je lui demandais comment, finalement, il définissait la métonymie et la métaphore. Il m'a dit qu'il se gardait bien de le faire. Qu'à partir de l'idée de continuité et de similarité, on peut toujours creuser, mais l'important est d'observer le lien entre les deux figures dans leur *fonctionnement*. Là-dessus, il ouvrit mon livre pour y chercher des exemples simples et il tomba sur ce quatrain de Wang Wei. Là, une fois de plus, je dois dire que j'ai admiré le flair lacanien. Le poème, intitulé « Le Lac Qi », a pour thème une scène d'adieu. La scène est décrite par une femme qui accompagne son mari jusqu'au bord du lac en jouant de la flûte. Tandis qu'elle demeure sur la berge, l'homme s'éloigne en barque pour un long voyage. C'est ce qu'indiquent les deux premiers vers. Le troisième vers dit qu'à un moment, au cœur du lac, loin déjà, l'homme se retourne. Et le dernier vers se termine de façon un peu abrupte, comme un arrêt sur image, par ceci : « Montagne verte entourer nuage blanc. »

Avec ce vers, on est en présence de deux métaphores, montagne verte et nuage blanc, dans un rapport de métonymie. Au premier degré, l'image représente ce que l'homme voit effectivement depuis le milieu du lac quand il se retourne. La montagne figure donc l'être qui demeure là, sur la berge, c'est-à-dire la femme ; alors que le nuage, symbole de l'errance, figure l'être en partance, c'est-à-dire l'homme. Mais à un degré plus profond, il y a comme un renversement de regard. Car dans l'imaginaire chinois, depuis toujours, la montagne relève du Yang et le nuage du Yin. Dans ce cas, la montagne désigne l'homme et le nuage la femme. Le vers entier semble faire entendre la voix intérieure de chaque protagoniste. L'homme-montagne semble dire à la femme : « Je suis en errance, mais je demeure fidèlement là, près de toi », et la femme-nuage semble répondre à l'homme : « Je suis là, mais ma pensée se fait voyageuse avec toi. » En réalité, à un degré plus profond encore, ce dernier vers dit ce que par pudeur ou par impuissance la femme ne parvient jamais à dire avec un langage direct et dénotatif : tout le rapport subtil et inextricable entre homme et femme. Selon les Chinois, le nuage naît des profondeurs de la montagne, d'abord sous forme de vapeur, laquelle en montant dans le ciel se condense en nuage. Dans le ciel, il peut voguer un instant à sa guise, mais revient vers la montagne pour l'entourer. Il est dit dans le vers : « Montagne verte entourer nuage blanc. » Le verbe entourer, non marqué ici, peut être actif, dans le sens d'entourer, ou passif, dans le sens d'être entouré, de sorte que le vers signifie à la fois « la montagne entoure le nuage » et « la montagne se laisse entourer par le nuage ». Un enlacement tour à tour actif et passif, ou inversement. Est-ce tout ? Pas tout à fait. Il faut bien briser la pudeur en signalant le fait que le nuage retombe en pluie sur la montagne. Ce fait a un sens plus profond et une portée plus large qu'on ne pense. Certes, on sait qu'en chinois, l'expression « nuage-pluie » signifie l'acte sexuel. C'est très intéressant mais on peut aller plus loin. Le nuage qui s'élève des entrailles de la montagne, qui monte au ciel et qui retombe en pluie pour réalimenter la montagne, incarne de fait l'immense mouvement circulaire qui relie la Terre et le Ciel. Dans cette optique, on touche un peu le mystère du Masculin et du Féminin. La montagne verte, dressée entre terre et ciel, entité apparemment stable, est précaire tout de même, étant sous la menace de perdre sa qualité de vert si elle n'est pas alimentée par la pluie. Quant au nuage, une entité apparemment fragile, il est tenace. Il aspire à prendre de multiples formes parce qu'il porte en lui la nostalgie de l'infini. À travers lui, le Féminin cherche – à s'en déchirer le cœur – à dire l'infini qui n'est autre que son propre mystère [1].

Nous sommes dans l'imaginaire chinois. Comment ne pas signaler en passant la merveilleuse coïncidence en français où, phonétiquement, l'image de la femme (« nue ») est liée aussi à celle du nuage (« nue »). Ce qui a permis la riche ambiguïté du poème de Mallarmé qui commence par « À l'accablante nue… »

Je crois qu'en fin de compte, c'est aussi pour traquer ce mystérieux Féminin, cher à la pensée taoïste, que le docteur Lacan a entrepris en ma modeste compagnie, mais avec quelle ingénieuse patience, sa quête chinoise.

1. L'interprétation de ce quatrain de Wang Wei, faite par Lacan et moi ce jour-là, a pu être intégrée vingt ans après dans mon ouvrage *L'Écriture poétique chinoise*, lorsque celui-ci est entré dans la collection de poche « Points » au Seuil.

TABLE

CHENG TSI CHENG

Achevé d'imprimer en décembre 2003
sur les presses de l'imprimerie Maury Eurolivres
45300 Manchecourt
N° d'Éditeur : FH145403.
Dépôt légal : janvier 2000.
N° d'Imprimeur : 03/12/22126.

Imprimé en France